사회복지와 문화다양성

사회복지와 문화다양성

이정은 · 임우현 · 정연모 · 최형임

KNOWLEDGE COMMUNITY 공동체

다문화와 문화다양성은 세계화 추세의 영향으로 어느 한 국가나 특정 지역에 한정되지 않고, 전 지구적으로 진행되고 있다. 이런 다문화현상은 결혼, 일자리 등의 이유로 이주하는 이민족의 유입과 이에 대한 기존 사회의 대응에 초점을 맞추고 있으며, 여러 국가에서는 다문화현상과 관련하여 직면하게 되는 다양한 문제들을 해결하고 공동체의 공존을 위한 다양한 대책들을 제시하고 있다. 특히, 우리나라의 경우, 외국인뿐만 아니라 북한이탈주민의 유입에 따른 이민자들의 정착지원을 위한 노력까지 더해지고 있는 실정이다.

국내 체류 외국인이 2019년 기준 252만 명이 넘어섰으며, 결혼과 취업 등의 이유로 한국에 정착한 이주민은 전국적으로 2018년 기준 101만 명이 넘어서고 있다. 그간 정부는 국내 체류외국인과 다문화가족의 국내 정착을 위한 다양한 정책을 마련하여 다문화사회로의 변화를 모색해 오고 있다. 그러나 결혼이주여성, 외국인노동자, 북한이탈주민 등에 대한 지원이 미약하고, 국민적인 정서 또한 단일민족주의에 사로잡혀 있어 앞으로 가야 할 길이 멀어 보인다. 다문화사회를 앞당기기 위해서는 다문화 관련 정책이나 서비스의 단순 지원에서 벗어나 지역사회가 함께 공존하고 통합할 수 있는 노력과 이에 대한 홍보가 필요해 보인다.

이 책은 크게 4부로 구성되어 있다. 제1부에서는 사회복지와 문화다양성을 학습해야 하는 이유, 세계화와 다문화, 다문화주의, 다문화사회의 사회복지실천 준비에 대해 살펴보았다. 제2부에서는 한국사회의 다문화 현상을 결혼이민자, 이주노동자, 북한이탈주민을 중심으로 그들의 문제와 욕구, 해결방안을 살펴보고 있다. 제3부에서는 우리나라의 다문화 관련 정책과 법을 살펴보고, 제4부에서는 다문화

사회복지의 실천을 위한 다문화가족지원센터와 다문화 관련 주요 지원기관의 현황과 역할을 통해 다문화사회복지의 실천방향을 모색하고자 하였다.

이 책은 시대적 흐름 속에서 다문화와 문화다양성에 대한 올바른 인식과 이해를 바탕으로 사회통합을 실현하고, 지속가능한 공존을 모색하기 위해 사회구성원들의 문화적 역량을 증진시키고자 노력하였다. 사회복지와 문화다양성을 공부하는 학생들에게 다문화에 대한 기본적인 개념과 이론을 안내하고, 나아가 스스로 다문화와 관련하여 본인이 가지고 있는 인식과 편견에 대해 생각할 수 있도록 하여 다문화감수성과 문화적 역량을 증진시킬 수 있는 기회가 되기를 희망한다.

끝으로 이 책을 출판할 수 있도록 지원과 배려를 아끼지 않으신 도서출판 공동체 직원 여러분들께 진심으로 감사의 인사를 드린다.

2023년 10월

저자 일동

목차 | CONTENTS

제 2 부 한국사회의 다문화

제 3 부 다문화 관련 정책과 법

제 1 부

사회복지와 문화다양성

CHAPTER

01 사회복지와 문화다양성을 학습해야 하는 이유

1. 사회복지와 문화다양성을 왜 학습해야 하는가?

아마 이 책 제목을 읽자마자 다소 '어색하다', '생소하다'라고 생각할 것이며, 오히려 '다문화사회복지'가 학생들에게는 더 친근하게 느껴질 것이다. 실제 책의 내용을 읽다보면 '다문화사회복지'라고 그냥 써도 될 일을 왜 굳이 생소하게 '사회복지와 문화다양성'이라고 적었을까 의구심이 들 수도 있다. 특히 이전에 사회복지를 공부한 사람들은 더더욱 '다문화사회복지'에 더 익숙하겠지만, 이는 우리나라에 다문화가 들어온 배경과 과정에 대한 내용들이 맞물리기 때문에 차차 살펴보기로 하겠다.

중요한 것은 이전에는 국제결혼을 통한 부부중심의 '가족복지' 관점에서 한정적으로 다문화를 배웠다면, 이제는 세계화라는 사회의 전체적 흐름 속에서 변화의 중심이 되고 있는 다문화를 이해하고 받아들여야 하기 때문이다.

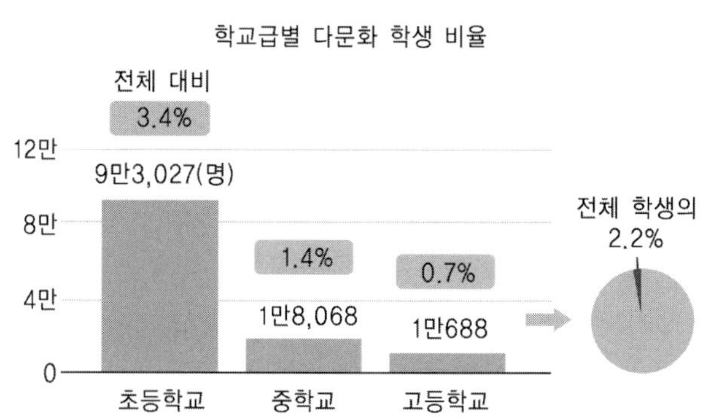

출처 : KBS뉴스(2018. 12. 11.). '다문화 교실 가보셨습니까' 학생 없이 폐교, 다문화 학생만 6년 연속 증가(http://news.kbs.co.kr/news/view.do?ncd=4092345&ref=A).

이런 세계화의 흐름은 일차적으로 거리에서 쉽게 만날 수 있는 외국인들의 모습에서 체감할 수 있다. 특정 관광지에서만 볼 수 있었던 이전과 비교해 보면, 일시적인 여행자가 아닌 한국에서 실제 거주하는 외국인들의 수가 많아졌기 때문이다.

또한 학교에서 우리 아이들의 경우 사실 기성세대보다는 훨씬 가깝게 피부로 직접 느끼고 있다. 출산율의 급격한 감소로 초등학교의 학생 수가 줄고 있다는 것은 누구나 아는 사실일 것이다. 이와 함께 초등학교에서 동시에 이루어지고 있는 변화가 또 있다면 바로 다문화 학생 비율의 급격한 증가이다. 예전에는 어떤 특정지역만의 문제라고 취급되었지만 현재는 초등학교에서 공통적으로 나타나고 있는 특징이며 이를 위해 교육청에서는 이미 다양한 정책을 마련하여 실시하고 있다. 즉, 이런 변화는 단지 학교에서만 이루어지고 있는 것이 아니라 사회 전체적으로 우리가 체감하지 못하고 있는 순간 빠르게 변화되고 있다.

특히 사회복지사의 경우 개입의 단위가 클라이언트 개인에서부터 지역사회까지 확장될 수 있는데, 단순히 클라이언트 1명에게 개입한다 하더라도 한 사회에 포함되어 있는 사람에 대한 이해가 기본이 되어야 한다. 이로 인해 사회복지사는 사회전체의 흐름 속에서 문화가 다양해짐에 따른 여러 가지 변화에 대해서도 민감하게 반응하고 인지해야 할 필요가 있다.

이런 관점에서 2020년부터 사회복지사의 전문성 강화를 위해 자격 이수 교과목이 14과목에서 17과목으로 늘어나게 되었고, 현장실습 확대를 주요 내용으로 하는 사회복지사업법 시행규칙이 일부 개정되었다. 그 내용 중 사회복지사 자격 취득을 위한 선택 교과목의 수가 20개에서 27개로 증가되었으며, 신설 교과목 중에서 '사회복지와 문화다양성'이 포함되어 있는 것을 확인할 수 있다. 구체적인 과목현황은 <표 1-1>과 같다.

〈표 1-1〉 사회복지사 자격 취득 선택과목 현황

구분	현행	개정
대학・전문대학 이수과목(학점)	4과목 12학점(과목당 3학점) 이상	7과목 21학점(과목당 3학점) 이상
선택과목	가족복지론 (추가) 교정복지론 (추가) 노인복지론 (추가) (추가) (추가) 사회문제론 사회보장론 사회복지발달사 (추가) (추가) 사회복지윤리와 철학 사회복지자료분석론 사회복지지도감독론 산업복지론 아동복지론 여성복지론 의료사회사업론 자원봉사론 장애인복지론 정신건강론 정신보건사회복지론 청소년복지론 프로그램 개발과 평가 학교사회사업론	가족복지론 가족상담 및 가족치료 교정복지론 국제사회복지론 노인복지론 복지국가론 빈곤론 사례관리론 사회문제론 사회보장론 사회복지역사 사회복지와 문화다양성 사회복지와 인권 사회복지윤리와 철학 사회복지자료분석론 사회복지지도감독론 산업복지론 아동복지론 여성복지론 의료사회복지론 자원봉사론 장애인복지론 정신건강론 정신건강사회복지론 청소년복지론 프로그램 개발과 평가 학교사회복지론
기관실습시간	120시간	160시간
실습세미나	–	30시간
기관실습실시기관 선정	선정 불필요	선정필요

사실 문화의 다양성 관점에서는 다문화 가정뿐만 아니라 다양한 문화, 즉 장애인, 성소수자 등 다양한 소수집단 모두의 정체성을 인정하는 다문화주의 관점(김용신, 2012)에서 모두를 살펴봐야 하는 것이 마땅하다. 그러나 이 책은 사회복지실천 대상자 중에서 최근 이슈가 되고 있는 결혼이민자, 이주노동자, 북한이탈주민에 대하여 초점을 두고 구성하도록 하였다.

이 책을 통해서 우리 스스로가 가지고 있는 다문화에 대한 인식과 개념은 무엇인지 생각해 보고, 그 다음 단계로 사회복지사로서 다양한 문화적 배경을 가지고 있는 클라이언트를 만났을 때 문화적 접근 방법과 검토해야 할 법은 무엇인지 살펴보는 등의 과정을 통해 예비 사회복지사로서 다문화 감수성을 높일 수 있었으면 한다.

정리하기

과목 소개

- 국제결혼 부부 중심의 '가족복지' 관점에서 '다문화사회복지'의 개념에서 세계화의 흐름에서 일시적인 현상이 아니라 우리 사회 전체에 큰 영향을 주는 변화 요인의 관점으로 '사회복지와 문화다양성'을 학습해야 함
- 이런 흐름의 관점에서 2020년 사회복지사 자격 취득을 위한 선택과목에서도 '사회복지와 문화다양성' 교과목이 포함된 것을 확인할 수 있음
- 문화다양성의 관점은 다문화 가정뿐만 아니라 장애인, 성소수자 등 다양한 소수집단 등 모두 살펴봐야 하는 것이 마땅하나 이 책에서는 사회복지시천 대상자 중심으로 다른 교과목에서 언급되지 않는 결혼이민자, 이주노동자, 북한이탈주민을 초점으로 구성하였음
- 사회복지사로서 다른 문화적 배경을 가진 사람들을 클라이언트로 만났을 때 거시적이고 문화적 접근은 물론 관련 법규에 대한 이해와 함께 그들과 소통을 위한 다문화 감수성을 높이고자 하는 데 목적이 있음

2. 문화와 이미지

1) 문화의 개념

이제 사회복지와 문화다양성을 학습하기 위한 첫 단계로 '문화'에 대한 개념정리부터 시작하고자 한다. '문화란 무엇인가?' 라고 질문을 하면 초등학교 국어시간도 아닌데 갑자기 하늘을 보고 아무도 질문자와 눈을 맞추려고 하지 않을 것이다. 당연히 우린 개념을 알고 있지만 선뜻 말로 표현하기 어려워한다. 그 이유는 개념이 어려워서라기보다는 문화가 가지고 있는 특징이 눈에 뚜렷하게 보여지는 유형적인 특성 외에 무형적인, 즉 우리의 머리속에 형성화되어 있는 이미지가 더 많기 때문이라고 생각한다.

본격적인 개념 설명에 앞서 여러분에게 질문을 하나 드리고자 한다. 다음 단어를 보고 떠오르는 생각 또는 이미지를 적어보기 바란다.

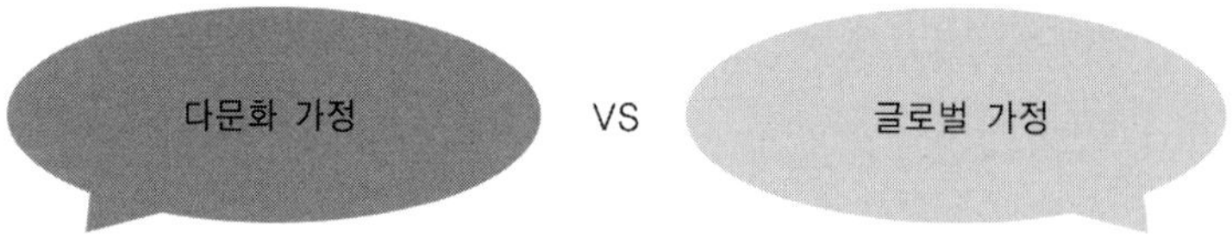

이 두 단어가 의미하는 대상이 차이가 있는가? 예비 사회복지사로서 우리가 이 과목을 학습해야 하는 이유에 대하여 생각해 보면서, 즉 사회복지적 관점에서 우리 스스로가 가지고 있는 '다문화'에 대한 이미지가 어떤 것인가라는 생각을 해보면서 문화의 개념을 살펴보기를 바란다.

문화의 개념은 여러 가지가 있으며, 우선 아래 표에 문화의 어원을 한자와 영어로 나누어 사전적 의미를 정리해 보면 <표 1-2>와 같다.

〈표 1-2〉 문화의 어원

한자	문(文)은 글월, 어구, 서적을 뜻하며, 화(化)는 되다, 가르치다, 따르다를 의미한다. 문화(文化)는 인간의 공동 사회가 이룩하여 그 구성원이 함께 누리는, 가치 있는 삶의 양식 및 표현 체계, 언어, 예술, 종교, 지식 등을 뜻한다.
영어	문화(culture)는 재배(栽培), 식물을 키운다는 뜻의 라틴어 콜로레(colere)가 어원으로, '경작하다, 재배하다, 가꾸다'의 뜻으로 농업(agriculture)이 문화, 컬처의 터전이다. agriculture도 agri(밭의)와 cultura(경작)가 합성된 단어이다.

출처 : 네이버 사전.

학자와 학파, 시대에 따라 문화의 개념은 서로 다르게 정의되고 있다. 우리나라의 문화기본법(제3조)에서는 "문화"를 문화예술, 생활양식, 공동체적 삶의 방식, 가치 체계, 전통 및 신념 등을 포함하는 사회나 사회 구성원의 고유한 정신적·물질적·지적·감성적 특성의 총체로 정의하고 있다. 문화란 인간이 주어진 자연환경을 변화시키고 본능을 적절히 조절하여 만들어낸 생활양식과 그에 따른 산물들을 모두 문화라고 부른다(김정준, 2019).

다문화의 관점에서 문화는 사회학자들이 정의한 개념인 '한 사회 구성원들의 생활양식의 총체'로 본다. 앞서 잠깐 언급했던, 모든 사회는 그 사회만의 일정한 생활의 태도나 인식 등 특정한 양식을 가지고 있는데 이것을 문화(文化, culture)라고 한다. 문화란 인간이 사회의 일원으로써 습득한 지식, 믿음, 예술, 도덕, 법률, 풍습 그리고 다른 능력들과 습관을 포괄하는 복합체로서, 사회 속에 표준화된 행위양식으로 사회구성원에 의하여 습득, 공유, 전달되는 행동양식이나 생활양식의 과정이다(Peter, 2004, 우수명, 2015 재인용).

추가로 최근 유네스코(UNESCO : United Nations Educational, Scientific and Cultural Organization)에서 제시하는 문화의 개념을 소개하자면, 2001년 10월 유네스코 제 31차 총회에서 채택된 '유네스코 세계 문화 다양성 선언(Universal Declaration on Cultural Diversity)'에 따르면, 문화란 "특정 사회 또는 사회집단 특유의 정신적·물질적·지적·감성적 특징의 총체(the set of distinctive spiritual, material, intellectual and emotional features of a society or a social group)"이며, "예술 및 문학뿐만 아니라 생활양식, 함께 사는 방식, 가치체계, 전통과 신념을 포함한다(it encompasses, in addition to art and literature, lifestyles, ways of living together, value systems, traditions and beliefs)"라고 되어 있다(UNESCO, 2001). 여기서 중요한 것은 바로 우리가 살아가는 '삶의 방식'과 우리가 생각하는 생각의 방식, 즉 '사고방식'이 모두 문화의 중요한 요소라는 점이다(박승우, 2019).

2) 문화의 속성

문화의 속성은 크게 다섯 가지로 구분할 수 있다(김정준, 2019).

첫째, '공유성'으로 한 사회의 구성원들이 그들만의 고유한 문화를 공유하는 것을 의미한다. 즉, 구성원들이 가지고 있는 독특한 취향이나 버릇은 문화가 아니라 개성에 속하며, 한 사회의 구성원들이 다른 사회와 구분되는 어떤 행위・관습・경향 등을 함께 공유할 때 그것이 비로소 문화가 되는 것이다. 예를 들어, 명절에 성묘하러 대규모로 이동하는 것은 문화이므로 공유성을 가지고 있어 다른 사람들이 예측할 수 있게 해준다. 또한 각기 다른 나라의 인사법도 그 행동을 예측할 수 있게 하여 다른 나라를 방문했을 때 상대방이 미리 준비하고 당황하지 않게 해 준다.

둘째, '학습성'으로 한 사회의 문화를 학습하며, 선천적인 것이 아니라 후천적으로 습득하는 특징이 있다. 즉, 우리의 본능인 매일 잠자고 식사하는 것을 문화라고 말하지 않는다. 우리가 한국에 태어나 한국어로 말하고, 젓가락을 사용하는 것은 선천적이 아닌 후천적으로 익히는 문화의 학습성의 예이다.

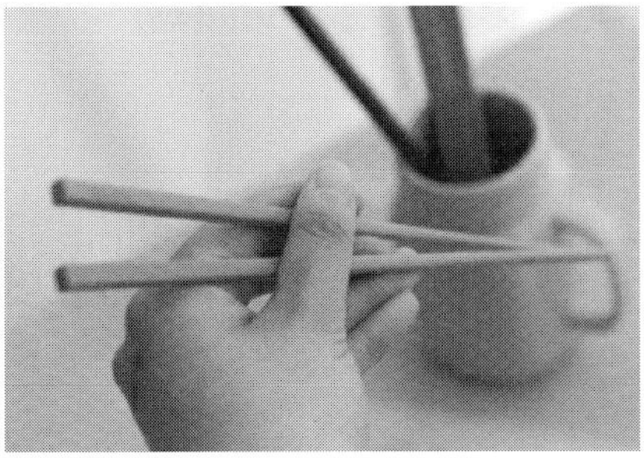

셋째, '축적성'으로 인간의 지식은 한 세대에서 다음 세대로 전해지며 그 세대에 새로 이루어진 내용이 거기에 더해진다. 그 과정에서 새로운 지식, 기술이 축적되며 내용이 풍부해지고 더욱 발전하는 특징을 말한다. 인간은 단순히 이전 세대를 통해 전수받는 문화를 그대로 전달만 하는 것이 아니라 그 시대에 맞추어 새로운 내용을 첨가하여 다음 세대에 물려준다. 이런 문화의 축적성은 인간의 탁월한 능력이며 문화의 중요한 속성 중 하나이다.

넷째, '변동성'으로 문화는 없어지기도 하고 수정되기도 하고 새로운 문화가 탄생되기도 한다. 문화는 정지된 상태로 존재하는 것이 아니라 부단히 진화 또는 퇴화의 과정을 겪는다.

다섯째, '전체성'으로 문화는 결코 홀로 존재하는 것이 아니라 다양한 요소들이 서로 긴밀한 관계를 맺고 있으나 하나의 체계를 구성하고 있다. 문화의 내용을 구성하고 있는 의식주의 양식・규범, 경제활동에 대한 규범 등은 각각의 독특한 양식과 규범으로 발전하는 것이 아니라 상호 영향을 주고받으며 조화를 이루면서 하나의 문화를 형성하는 것이다.

3) 문화의 변화

앞서 문화의 속성에서도 설명했듯이, 문화는 고정된 것이 아니라 소멸되기도 하고 발전되기도 하는 변동성을 가지고 있다. 이와 관련한 몇 가지 개념(김정준, 2019)에 대하여 정리해 보며 문화에 대한 이해를 높이도록 하겠다.

우선 문화에 영향을 주는 여러 요소들의 상호작용을 하여 새로운 형태・기능・의미를 가지는 문화가 될 때 이를 문화변동이라고 한다. 문화변동은 발명・발견・전파가 원인이 되어 발생한다. 발명은 기존까지 없었던 문화요소를 새로 만들어 내는 것이고, 발견은 이미 존재하고 있지만 아직 세상에 알려지지 않은 것을 찾아내거나 알아내는 행위이다.

문화전파란 한 사회의 문화요소들이 다른 사회로 전해져서 그 사회의 문화과정에 통합되어 정착하는 현상을 말한다. 단, 전파는 사막・바다 등 물리적 장애와 사회문화적 체계의 고립 정도로부터 영향을 받는다. 이 부분은 역사를 살펴보아도 알 수 있듯이 서구사회에서 기독교를 전파 받거나 여러 작물들이 우리나라로 들어온 과정이 그 예이다.

문화접변이란 두 개 이상의 문화가 접촉하는 과정에서 문화요소들이 변화하는 과정을 가리킨다. 문화접변은 정복이나 식민지 현상에서 가장 흔히 볼 수 있는데, 한 사회집단이 어떤 강력한 지배적인 사회와 거의 전면적인 접촉관계에 들어갈 때 종속적인 위치에 있는 집단은 광범위한 문화변동을 경험하게 되는 경우가 많다.

문화진화란 장기간에 걸쳐 단순한 형태에서 복잡한 형태로 문화가 단계적으로 변화하는 것을 말한다. 박물관에 가보면 인류가 식량을 획득하는 방법이 나열되기 시작하는데 수렵과 채취를 거쳐서 농경사회에 이르기까지 이 또한 문화의 진화현상으로 볼 수 있다.

마지막으로 문화충격이란 사람들이 완전히 다른 문화 환경이나 사회 환경에 있을 때 느끼는 감정의 불안을 서술하기 위해 쓰이는 용어이다. 즉, 무엇이 올바르고 무엇이 올바르지 않는지를 알기가 어려워 혼란스러워진다. 새롭거나 다른 문화의 어떤 양상에 대해 강력한 혐오를 느끼기도 하는 현상을 의미한다. 이 현상을 가장 잘 나타내는 TV 프로그램으로 '어서와 한국은 처음이지?'라는 프로그램을 본적이 있을 것이다. 우리나라에 처음 온 외국 사람들이 여행을 하는 프로그램으로써 다양한 부분에서 자신들의 나라와의 문화적 차이를 우리나라 또한 그 나라에 대해 배우고 우리나라의 문화에 대해 다시 한 번 생각하게 하는 프로그램이라 할 수 있다.

여러 가지 인상 깊었던 장면이 있지만 그 중에서 우리나라의 PC방과 야구장의 응원 문화에 대하여 다양한 나라의 사람들이 감탄하는 것을 본 기억이 있다. 특히 PC방의 듀얼 모니터와 최신식 컴퓨터, 자리에서 음식을 주문하고 먹는 형식에 매우 놀라는 장면과 야구장에 가서 함께 응원하는 것을 보고 신기해하다가 즐거워하는 모습이 바로 대표적인 예이다.

출처 : 뉴스엔미디어(2018. 11. 1.). '어서와' 호주 가족, 韓 야구장 문화에 컬쳐쇼크.

물론 인터넷 등의 정보통신의 발달을 통해 우리와 다른 문화에 대하여 거리가 아무리 멀다고 해도 이미 인터넷이나 TV 프로그램을 통해 조금만 관심이 있다면 문화 충격까지는 받지 않는 것이 최근 현실이다. 허나 이런 과정에서 그들을 이해하기 보다는 우리와 다르다는 이유로 '이상하다'라고 생각하고 우리 것만을 좋고 위대하다고 생각하는 것은 우리가 가장 주의해야 할 부분이라고 생각한다.

4) 문화와 이미지

다시 처음으로 돌아가 이 장을 시작하면서 먼저 했던 질문으로 돌아가 보려고 한다. '다문화 가정'과 '글로벌 가정' 두 단어를 보고 우리가 떠올렸던 이미지를 생각해 보자. 단어의 의미를 사전적으로 따지면 두 단어는 같은 단어이다. 허나 우리가 떠올리는 이미지는 분명 다르다. 그 이유는 단어를 통해 우리에게 형성된 생각이 이미지화 되었고 그것을 통해 우리는 사고하게 되었기 때문이다.

'다문화 가정'이라는 단어를 보면 '동남아시아인' '불법 체류자'인 이주노동자가 떠오를 것이다. 다른 한편으로 '글로벌 가정'이라는 단어를 보면 '미국인(서구사회)', '백인', '유명 대학을 나와 우리나라 큰 회사의 전문직'이 떠오른다.

그러나 우리는 한 번도 이 두 단어에 대하여 함께 정의내리고 배운 적은 없다. 허나 우리가 어떤 대상을 보고 판단할 때 문화에 의하여 형성된 생각의 틀을 통하여 사고하게 되고 그것이 사회적으로 확장, 재생산되며 고유한 형식으로 구성된다. 우리가 가지고 있는 다문화에 대한 부끄러운 편견은 한 TV 프로그램의 실험을 통해 이슈화된 적이 있다. 실험 내용은 매우 간단하다. 길가는 행인들에게 실험 카메라로 두 외국인이 길을 묻는 질문을 했을 때 시민들의 반응을 카메라로 담은 실험이다.

처음 실험 소개를 보고 '몇 명만 그렇겠지'라고 예상했지만 그 결과를 보면 너무 놀라면서 한편으로 '내가 저 길을 지나갔다면 과연 어떻게 했을까?'라는 생각을 해 보게 되었다. 여러분은 카메라에 실린 사람들 중에 어디에 속하는지 생각해 보자. 일반인은 그렇다 치더라도 도움이 필요한 소수의 사람들을 대변하고 지원하는 사회복지사인 우리의 모습도 실험 카메라에 찍힌 일반인도 별반 다른 게 없음을 느끼면서 내가 가지고 있는 다문화에 대한 인식, 편견에 대해 다시 한번 생각해 볼 필요가 있다.

VS

출처 : EBS 다큐프라임(2009). 인간의 두 얼굴 II.

이런 이미지에 관련된 문제는 꼭 외국인에만 해당되지 않는다. 최근 많이 변화하기는 했지만 사회복지사로써 클라이언트의 상황을 알고 있고 그 기관이 왜 그랬는지 당연히 알지만, 알면서도 눈살을 찌푸리고 얼굴을 돌리게 하는 일부 인터넷 (해외)구호 또는 후원금 모집을 위한 복지기관(단체)의 광고를 아직까지 볼 수 있다. 경기가 안 좋아지면 후원금 모금도 쉽지 않으니 클라이언트의 어려운 상황을 함축적으로 보여 주어야 하므로 조금은 더 자극적인 문구나 사진을 사용해야 하는 것은 무시할 수 없는 씁쓸한 현실이기도 하다. 이를 '빈곤 마케팅'이라고도 부르는데, 물론 최근에는 후원 대상자의 인권과 사생활 침해에 대한 비판이 이어지면서 대역을 동원하여 촬영을 하지만 실제 인물이 등장하지 않았을 뿐이지 그들의 처참한 환경을 극단적으로 더 리얼하게 강조하는 방식이다.

어떤 사진 속에는 작게나마 대역으로 촬영되었다고 표기되어 있기는 하지만 아무런 사전지식이 없는 학생이나 일반인의 경우 광고에 사용된 적나라하고 조금 더 자극적인 이미지를 그 대상이 속한 '빈곤층 또는 기초생활수급자는 다 그럴 것이다'라고 이미지화하고 결국 일반화시키기 때문에 오히려 편견과 차별을 조장할 수 있다는 문제를 생각해 봐야 한다.

국제개발협력민간협의회가 '아동 권리 보호를 위한 미디어 가이드라인'을 통해 '아동을 동정 및 시혜의 대상이나 약자, 피해자로 묘사하지 말고 삶을 위해 노력하는 주체자로 표현할 것'을 권고하고 있다지만 강제성은 없으며, 방송통신심의위원회 관계자에 따르면 "온라인상에서 이런 식의 광고를 규제할 근거는 없다"고 말했다는 기사를 본 적이 있다(한국일보, 2019. 12. 12.).

출처 : 굿네이버스 홈페이지.

아마 여러분도 기억날 것이다. '해외구호' 하면 아프리카 아이들의 사진을 예전에는 많이 사용했었다. 그럴 때 이전의 경우 어른들 말로 '피골이 상접하여' 뼈만 남아 있는 앙상한 모습의 흑인 아이들이 울고 있는 사진이 대부분이었다. 이로 인해 '아프리카', '흑인'하면 '밥도 제때 먹지 못하고 우리보다 못사는 사람들'로 우리의 머릿속에는 이미지로 남아 있다. 이 이미지는 결국 우리가 흑인을 대할 때 부정적인 편견과 태도로 전환되었다. 사실 흑인은 아프리카에만 살지 않을 뿐만 아니라 우리보다 교육수준은 물론 경제적인 수준까지 낮다는 것은 이런 이미지가 만든 우리의 편견이다.

"한국 사람들은 까만 사람 싫어해요. 가난해서 한국 왔다고 싫어해요. 한국 TV에 보면 옛날 아프리카 사람들 사는 모습만 나와요. 그래서 한국 사람들 아프리카 AIDS, 가난한 사람이라고 생각해요"

(말리, 남성, 28세, 미등록 근로자)

"지하철을 타면 사람들이 자꾸 쳐다봅니다. 길을 걸을 때도 신기한 듯이 쳐다봅니다. 요즘에는 많이 심하지 않지만 예전에는 저를 피해서 옆칸으로 가는 사람도 많았습니다. 버스 운전기사 아저씨들은 막 화를 내기도 했었습니다. 지금은 그래도 많이 나아진 것 같습니다. "

(가나, 남성, 29세, 미등록 근로자)

출처 : 국가인권위원회(2002). 국내 거주 외국인근로자 인권실태조사.

이런 흐름으로 최근 사회복지기관들의 해외구호 이미지가 많이 변화하고 있다. 이는 지원의 방법도 시혜적인 방법에서 자립을 지원하는 방법으로 변화한 것도 영향을 미쳤다고 볼 수 있지만, 이미지를 사용하는 기준도 일반적으로 구호가 필요한 대상에서 주체적으로 자립을 하고 밝은 이미지를 사용하고 있는 추세이다.

출처 : 세이브더칠드런 2019 해외사업 소개
(https://www.sc.or.kr/program/international_program.do?PROGRAMCHOICE=edu).

이처럼 문화와 이미지는 뗄 수 없는 관계로 서로 재생산의 과정을 거치고 있으며, 이로 인해 때로는 그 대상에게 편견과 차별이라는 부정적인 영향을 미칠 수 있다는 점에 주의해야 한다. 사회복지사들은 특히 사회적 약자인 클라이언트와 사회복지에 대하여 긍정적이고 가치 있는 이미지를 창출할 수 있도록 책임의식을 가지고 업무를 해 나가야 한다.

정리하기

1. 문화의 개념
   - 그 사회만의 일정한 생활의 태도나 인식 등 일정한 양식, 인간이 사회의 일원으로서 습득한 지식, 믿음, 예술, 도덕, 법률, 풍습 그리고 다른 능력들과 습관을 포괄하는 복합체라고 정의할 수 있음
   - 그 사회의 독특한 생활양식이면서 의식과 무의식을 지배하고 있는 중요한 요소 중 하나
2. 문화의 속성

   한 사회의 구성원들이 그들만의 고유한 문화를 공유하는 공유성, 한 사회의 문화는 후천적으로 습득되는 학습성, 세대를 통해서 이어지고 전세대의 내용에 현세대의 내용이 더해져 새로운 내용을 창출하는 축적성, 고정된 것이 아니라 소멸되고 수정되기도 하고 진화 또는 퇴화되기도 하는 변동성, 다양한 요소들과 관계를 가지고 하나의 체계를 구성하는 전체성을 가짐
3. 문화의 변화

   문화는 발병·발견·전파 등을 통해 변화하고 문화전파 및 문화접변, 문화진화, 문화충격 등 다양하게 나타나기도 함
4. 문화와 이미지
   - 문화는 이미지를 만들어내는 원천이고 이미지는 다시 문화를 재생산함
   - 사회복지사로서 클라이언트에 대한 긍정적이고 가치 있는 이미지를 만들고 재생산할 책임이 있음

3. 다문화와 사회복지

1) 다문화와 사회변화

다문화의 개념을 살펴보기 전에 우리나라에 '다문화'라는 개념이 나타난 사회적 흐름을 잠시 살펴보겠다. 그 처음의 시작은 아무래도 1988년 올림픽이라고 볼 수 있다. 올림픽이라는 큰 국제적인 행사를 치르면서 이전과는 달리 사회주의 국가를 포함한 다양한 외국과의 문호를 자연스럽게 개방하게 되었고, 1991년 UN에 가입하며 국제사회에 본격적으로 등장하며 국경을 초월하여 국가의 경쟁력 확보를 위한 국제화를 추구하기 시작했다.

그 다음으로 경제발전에 따라 기업들의 수출이 증가하고 해외로 진출하기 시작하였다. 이 안에는 경제발전에 따라 생활수준이 향상되면서 3D(Dirty, Difficult, Dangerous) 업종[1]에 대한 노동 기피 현상이 영향을 주었다. 이로 인해 3D 업종 근로자에 대한 수요가 커졌고, 결국 1992년 산업연수생제도를 시작으로 하여 '돈을 벌기 위해 다른 나라로 일하러 가던 나라'에서 '다른 나라에서 돈을 벌기 위해 오는 나라'가 되었다.

이런 과정을 통해 이주노동자가 증가하게 되었고 이주노동자들의 결혼과 출산 등 자연스럽게 연결되며 최종적으로 우리나라에 정착하는 현상으로 연결되었다. 사실 이주노동자 관련 법률을 살펴보면 알 수 있듯이 우리나라 입장에서는 이주 노동자들이 정주하기를 원하지 않았다. 외국인 근로자는 일정 기간 일을 한 다음에는 본국으로 돌아가기를 기대했으나 결국 불법 또는 합법적인 방법으로 우리나라에 정착하기 시작하였다. 우리나라의 다문화 관련법을 봤을 때, 다문화에 관심을 기울이기 시작한 것은 외국인 노동자의 유입보다는 결혼이주여성의 유입 이후라고 볼 수 있다(최명민 외, 2009).

1) 3D 업종 : 더럽고, 힘들고, 위험한 직업의 머리글자로 1980년대 이후 소득 수준 및 생활수준이 대폭 향상됨에 따라 근로자들이 일하기를 꺼리는 업종을 지칭하는 용어다. 주로 노동집약적이고, 복지후생이 낮은 중소기업 등이 많이 포함된다(다음 백과).

이렇게 국내에 체류하는 외국인의 증가 추세와 함께 1981년 해외여행에 대한 제한이 부분적으로 풀렸고, 1989년 해외여행과 외국유학이 완전히 자유화됨으로 인해 우리나라에서 외국으로 나가는 사람의 수도 증가하였다. 지금처럼 해외여행을 자주 가는 세대에서는 이해할 수 없겠지만 예전의 경우 해외여행을 간다는 것은 일부 사람들의 특권이었고 제한도 많았다. 지금은 오히려 국내여행을 가는 것처럼 해외여행을 손쉽게 선택하는 분위기로 다른 나라와 다른 민족 간의 교류에 대한 제한이 없어지고 활발해지기 시작했다.

또한 사회적으로도 거대 자본력을 가지고 있는 다국적 기업이 유입되며 자유무역체제의 확산으로 국가 간 경계가 허물어지고 초국적 기업의 사무실과 공장은 전 세계 각지로 흩어졌으며 전 세계가 하나의 경제권으로 통합되었다. 이 외에 정보통신의 발달 등의 전체적인 흐름 안에서 '단일민족'임을 스스로 강조하던 우리나라도 다른 문화를 배경으로 하는 국가 및 사람들과 교류가 급증하게 되면서 '다문화'라는 것이 우리의 일상생활에 익숙하게 자리잡기 시작하였다.

2) 다문화의 개념

(1) 다문화의 개념

다문화는 한자로 보면 '많을 다(多)' 자에 '문화(文化)'라는 말을 합한 뜻으로 하나 이상의 복수 문화를 말하며, 여러 나라의 생활양식을 의미하며, 영어로는 'multiculture' 또는 'interculture'라는 단어를 주로 사용한다. 학자마다 다문화의 개념을 다르게 정의하고 있는데, 피터슨(Peterson)은 다문화는 서로 다른 배경을 가진 문화들 간의 공존과 상호작용으로서의 '다원성'을 인간의 존재의 조건으로 보았다. 즉, 서로 다른 문화적 가치를 가지고 있는 다양한 존재들의 조화로운 공존을 지향했다(Peterson, 2004; 우수명, 2015 재인용).

또한 다문화라는 용어는 여러 문화 간에 발행하는 충돌이 가시화되면서 문화 간에 생기는 여러 유형의 문제를 조화롭게 극복하자는 의도에서 만들어졌으며, 다문화란 여러 나라의 문화를 연결시키고 반영하고 적용하는 것으로 각 문화의 차별화를 강조하고 문화의 다양성을 추구하는 것이라고 강조했다(김성혁 외, 2012; 천정웅 외, 2015 재인용).

다문화의 개념은 차별적·배제적 문화에 대한 대응적 개념으로서의 문화이다. '대응적 개념으로서의 문화'인 다문화는 흑인의 노예화와 원주민 학살, 식민지 과정에서의 수탈적 침략 문화에 대한 반성적이고 저항적인 문화이다. 단일문화, 자민족중심주의에 대한 대응적 개념으로서 '다문화'는 문화적 차이와 문화의 권리를 인정하고, 이들 간의 공존과 상호 구성적인 문화 간 교류를 장려한다. 이는 차이에 기초한 정체성을 바탕으로 상호작용과 상호침투를 허용하는 공존을 지향하는 공존의 다원성으로 '통합성'을 지향한다(박천응, 2013 : 24-25, 천정웅 외, 2015 재인용).

이 외에도 여러 학자들이 다문화에 대한 개념을 여러 가지 가치를 반영하여 정의하였다. 그 개념 속에서 나타난 공통점이자 우리가 기억해야 할 시사점으로 우리와 다른 문화에 대해 차별을 하는 것이 아니라 차이를 인정하고 공존하는 것이라고 정리할 수 있다.

마지막으로 다문화의 개념을 위와 같이 외래문화의 유입으로 인한 문화 다양성 증대와 더불어 우리 문화의 내적 다양성 증가와 문화 다양성에 대한 사람들의 인식 변화 측면으로 보는 관점이다(박승우, 2019). 우리나라도 산업화와 정보통신기술의 발달 등 빠른 사회경제적 변동을 경험하면서 동일시대 안에서도 연령에 따라 가치에 따라 사고방식에 따라 차이가 나며 나와 다르다는 이유로 내 가치관을 강요하기보다는 함께 공존하며 생활하고 있다. 물론 예전이라면 기성세대가 가지고 있는 가치관이나 사고방식을 따르라고 강요했을 수도 있지만 지금은 기성세대라는 이유로 또는 다수가 그렇게 생각한다는 이유로 상대방에게 자신의 가치관을 강요한다면 아마 큰일이 날 것이다.

이는 우리나라에 다양한 문화가 유입된 점과 함께 우리 사회 자체의 내적 다양성이 증대한 점도 큰 요인이라고 생각한다. 또한 해외여행 자유화와 외국 유학의 증가 등으로 외국인과 접촉할 수 있는 기회가 증가하며 자연스럽게 외국문화를 경험하게 되었다. 이런 과정을 통해 외국 문화에 접촉하면서 우리가 가지고 있는 문화에 영향을 주고 변화하기 시작하였다. 즉, 다른 문화에 대해 열린 자세로 변화되면서 우리가 가지고 있는 편견, 선입관, 자민족(自民族)중심주의(ethnocentrism)에서 벗어나게 되었다.

(2) 우리나라의 다문화 개념

다문화 개념과 같이 살펴봐야 할 중요한 부분은 우리나라에서는 실제 다문화에 대한 개념이 어떤 점에 초점을 두고 있는지에 대한 것이다. 예전부터 단일민족임을 강조한 우리나라의 경우 표면적이고 외적으로 나타난 차이를 중심으로 하여 다문화를 강조하는 경우가 많다. 즉, 다른 음식, 다른 옷, 다른 예절 등을 강조하여 '이국적인', '색다르다'라는 것에 초점을 두어 다문화라고 설명하고 있다.

이로 인해 서로 다름을 인정하고 공존하기보다는 인종차별과 언어학대로 나타나고 있다. 요즘 같은 국제화 시대에 이런 부분이 현실적으로 일어날까?라고 생각하실 수 있다. 예전보다는 많이 사라졌다고 하나 물론 아직 일부의 일이라고는 하지만 실제 교실에서 있었던 최근 사례는 우리 스스로의 얼굴을 붉히게 만든다. 실제 초등학교 교실에서 다문화 아이들을 부를 때 한국어를 잘 모른다고는 하지만 분명 이름이 있음에도 그 아이를 부르는 호칭으로 그 나라 이름을 부르는 '야! 베트남 이리와 봐!'라는 말을 들은 적 있다. 뒤에 다시 언급하겠지만 최근에는 중도입국자녀가 증가하여 실제 한국말을 전혀 모른 채 학교생활을 하는 학생들이 증가하고 있다. 허나 그 학생들이 아무리 한국말을 모른다고 하더라도 자신을 칭찬하는지 놀리는지 정도는 누구나 알 수 있다. 아래 글은 다문화 학생의 일기 중 하나로 그런 심정을 잘 대변해 주고 있다.

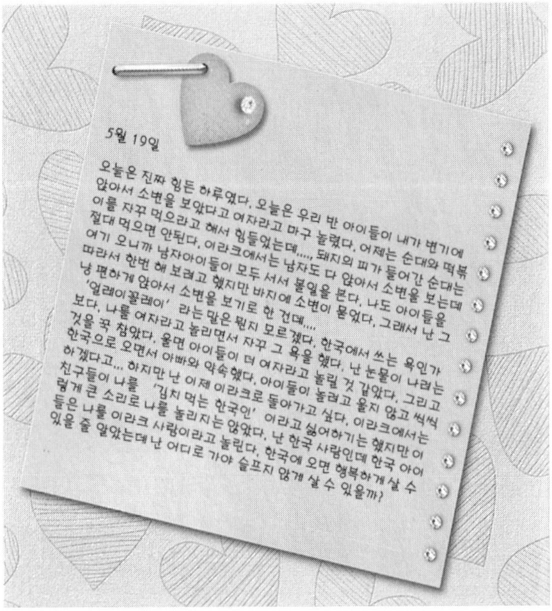
5월 19일

오늘은 진짜 힘든 하루였다. 오늘은 우리 반 아이들이 내가 변기에 앉아서 소변을 보았다고 여자라고 마구 놀렸다. 어제는 순대와 떡볶이를 자꾸 먹으라고 해서 힘들었는데...., 돼지의 피가 들어간 순대는 절대 먹으면 안된다. 이라크에서는 남자도 다 앉아서 소변을 보는데 여기 오니까 남자아이들이 모두 서서 볼일을 본다. 나도 아이들을 따라서 한번 해 보려고 했지만 바지에 소변이 묻었다. 그래서 난 그냥 편하게 앉아서 소변을 보기로 한 건데....
'얼레이꼴레이' 라는 말은 뭔지 모르겠다. 한국에서 쓰는 욕인가 보다. 나를 여자라고 놀리면서 자꾸 그 욕을 했다. 난 눈물이 나려는 것을 꼭 참았다. 울면 아이들이 더 여자라고 놀릴 것 같았다. 그리고 한국으로 오면서 아빠와 약속했다. 아이들이 놀려고 울지 않고 씩씩하겠다고... 하지만 난 이제 이라크로 돌아가고 싶다. 이라크에서는 친구들이 나를 '김치 먹는 한국인' 이라고 싫어하기는 했지만 이렇게 큰 소리로 나를 놀리지는 않았다. 난 한국 사람인데 한국 아이들은 나를 이라크 사람이라고 놀린다. 한국에 오면 행복하게 살 수 있을 줄 알았는데 난 어디로 가야 슬프지 않게 살 수 있을까?

출처 : 다문화교육방법연구회(2013). 교실 속 다문화 교육, p. 20.

다른 한편으로 이 문제를 잘 들여다 보면, 단순히 문화적 차이만 영향을 미친 것이 아니라 젠더, 계급 등 다른 부분이 영향을 미쳤으리라 짐작할 수 있다. 위의 학생의 일기 속에서 '만일 미국 백인 남자아이였다면 과연 동일한 일이 일어났을까?'라는 질문을 우리 스스로에게 해 보자.

이는 앞에서 언급했던 한 방송사의 실험과 일맥상통한다고 할 수 있다. 우리가 가지고 있는 백인과 동남아시아인에 대해 가지고 있는 생각, 즉 백인은 우리보다 우월하다고 생각하며 그에 비해 우리는 동남아시아인보다는 더 우월하다고 생각하는 것이다. 그리고 젠더 측면에서 최근 이슈가 많이 되고 있지만 이주노동자 문제 안에서도 특히 여성 이주노동자들은 인권의 사각지대에 놓여있다. 이처럼 다문화는 문화적 차이를 포함하지만 권력, 개인의 성향, 구조적이고 본질적인 집단 간 차이 등을 포함하는 다차원적 개념으로 이해하는 것이 필요하다(우수명 외, 2018).

3) 다문화사회복지의 개념

우선 복지는 한자로는 '福祉', 즉 '복이 넘치는 것', '행복한 삶'을 뜻하며, 영어로는 'welfare'로 요즘에 자주 사용하는 단어인 'well-being'과 연관되어 육체적-정신적 건강의 조화를 통해 행복하고 아름다운 삶을 추구하는 삶의 유형을 뜻한다(네이버 지식백과). 복지라는 개념은 사회복지개론에서 더 자세하게 학습할 수 있으므로 이 정도의 사전적 의미만 언급하도록 하겠다.

우리가 알고 있는 사회복지라는 개념에 '다문화'라는 단어가 첨가됨으로 인해 사회복지의 대상으로써 다문화, 즉 우리와 다른 문화와 피부색, 인종이라는 이유로 다름을 구분하기보다는 '공존'의 개념을 가지고 우리 모두 함께 '행복'할 수 있는 사회를 만드는 것이다. 현재는 이전과는 달리 세계화의 흐름으로 우리나라도 세부적으로는 '다문화사회복지', '사회복지와 문화다양성'이라는 신규 교과목이 나타났지만 결국 앞으로는 '다문화'를 별도로 표기하기보다는 사회복지의 큰 틀 안에서 당연히 함께 해야 하는 대상으로 흡수되어 '다문화사회복지'라는 개념이 다시 사라지지는 날이 오지 않을까 기대해 본다.

출처 : 공익광고협의회(2009). 사회공동체-다문화사회 편.

위 사진은 다문화 인식개선을 위해 공익광고협의회에서 2009년에 제작한 광고의 한 장면이다. 이 사진을 보면 그 당시 우리나라의 다문화에 대한 사회적 인식의 수준을 잘 알 수 있다. 농촌사회에서 거주하고 있는 이주여성이 주인공으로 우리나라에 빠른 적응을 위해 한국어를 도와주는 모습으로 초창기 우리나라의 관점이다.

아래 사진은 최근인 2017년 다문화 인식개선 캠페인으로 현대차 정몽구 재단에서 제작한 영상의 일부이다. 다문화 인구가 어느 정도 증가한 상태에서 우리가 가지고 있는 편견을 주제로 한 내용으로, 우리와 외형적으로 조금 다르다는 이유로 다른 시선과 편견을 가지고 있지 않는지에 대해 스스로 생각해 볼 수 있다. 이 책의 경우 아래 사진의 관점에서 다문화를 이해하고 살펴볼 예정으로, 시간이 된다면 이 두 가지 영상의 전체를 꼭 확인해 보기를 바란다.

출처 : 현대차정몽구재단(2017). 다문화 인식개선 캠페인 '편견에서 시작된 친절은 편견이 될 수 있다'.

마지막으로 오래된 공익광고이지만 저자가 개인적으로 가장 다문화를 잘 표현했고 우리에게 강한 메시지를 남긴다고 생각하는 포스터 하나를 소개하고자 한다. 요즘 크레파스에는 그렇게 적혀 있지 않지만 저자가 초등학교 다닐 때에는 크레파스에 살색이라고 이름 붙여진 색이 있었다. 그러나 지금은 살색으로 표기되어 있는 크레파스가 없다는 사실을 크게 인지하는 사람은 없을 것이다. 이는 우리의 인식이 진짜 개선되어서 그럴 수도 있고 아니면 단순히 색은 없어졌지만 여전히 우리의 인식 속에 살색은 한 가지로 고정되어 있기 때문일 수도 있다.

여러분은 전자와 후자 중 어느 쪽에 해당되는가? 크레파스 속 살색이 없어진 배경에는 국가인권위원회에서 2002년 7월 크레파스와 수채물감의 특정 색을 '살색'으로 이름 붙인 것은 헌법 제11조의 평등권을 침해할 소지가 있으므로 기술표준원에 한국산업규격(KS)을 개정하도록 권고한 것과 관련이 있다. 아래 포스터를 보면서 크레파스에 살색이라는 스티커는 없어졌지만 우리의 인식 속에서도 '살색' 하면 떠오르는 생각이 없어지는 그날이 빨리 오기를 희망해 본다.

출처 : 공익광고협의회.

정리하기

1. 다문화와 사회변화

   1988년 올림픽을 기점으로 하여 국가의 국제화와 기업들의 해외진출과 다국적 기업의 유입, 이주노동자의 증가, 해외여행의 자유화, 정보통신의 발달 등으로 인해 '다문화'가 우리사회에 자연스럽게 자리잡기 시작함

2. 다문화의 개념

   - 다문화는 서로 다른 배경을 가진 문화들 간의 공존과 상호작용으로서 '다원성'을 인간 존재의 조건으로 보며, 서로 다른 문화적 가치를 가지고 있는 다양한 존재들의 조화로운 공존을 지향함
   - 다문화는 문화 다양성의 증대와 우리 문화 내적 다양성 증가, 문화 다양성에 대한 사람들의 인식 변화를 통틀어 의미하기도 함
   - 특히 우리나라의 경우 피상적이고 외형적인 차이들을 다문화로 강조, 즉 외적인 것을 이미지화하여 오히려 차별을 강화하기도 함
   - 다문화는 단순히 문화적 차이로 접근하는 것보다는 권력, 개인의 성향, 구조적이고 본질적인 집단 간 차이 등을 포함하는 다차원적인 개념을 이해해야 함

3. 다문화사회복지의 개념

   - 인간 행복의 노력에서 문화, 인종, 성별 등의 차이를 넘어선 화합과 공존의 가치로 복지가 구현되어야 한다는 것을 의미함
   - 현재는 다문화로 별도 표기하고 배우고 있으나 당연히 함께해야 하는 대상으로 개념이 없어지는 그날이 하루 빨리 오기를 기대함

CHAPTER

02 세계화와 다문화

1. 세계화의 양면성

1) 세계화의 대두

(1) 세계화의 흐름

세계화(globalization)라는 단어를 들어본 적이 없다고 하더라도, 우리나라를 포함하여 전 세계적인 흐름으로 단지 자국 안에서만 일과 생활을 하는 것이 아니라 다른 국가에 가서 일과 생활은 물론 문화적 교류까지 하는 사람들이 매우 증가하고 있는 것은 누구나 느낄 수 있다. 가장 흔한 일례로 퇴근 후 특별한 사람이 아니라고 하더라도 SNS를 통해 지구 반대편의 이야기를 쉽게 볼 수도 있고 반대로 우리나라를 전혀 알지 못하는 사람들이 인터넷 매체를 통해 우리나라를 알고 방문하게 되는 일이 빈번히 일어나고 있다. 이것이 바로 세계화(globalization)라고 할 수 있다. 유사 용어로는 국제화, 지구화 등이 있으며, 워터스(Waters)는 "세계화란 사회적·문화적 제도에 대한 지리학적 구속이 약해지고 그러한 사실을 사람들이 인식하게 되는 사회적 과정이다"라고 정의 내렸다.

실제적으로 2018년 말 국내 체류외국인[1]이 2,367,607명으로 2017년 대비 8.6% 증가하였고, 전체 국민 인구 대비 체류외국인 비율은 2014년 3.5%에서 2018년 4.6%로 매년 증가하고 있으며 구체적인 현황은 다음과 같다(E-나라지표, 체류외국인현황).

1) 체류외국인은 장기체류외국인(등록외국인, 외국국적동포 국내거주신고자)와 단기체류외국인으로 구성되며, 연도별 현황은 12월 말 기준임.

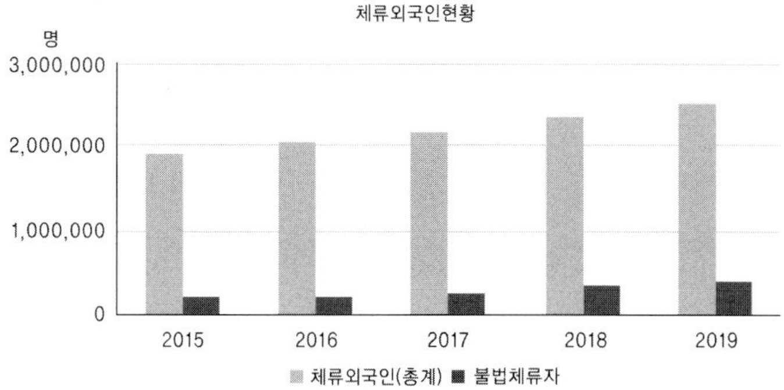

[그림 2-1] 연도별 체류외국인 현황

출처 : E-나라지표.

이런 수치는 단순히 국가 간 자율무역의 결과뿐만 아니라 국제결혼으로 인한 결혼이민자 증가, 외국국적동포 유입, 유학생 증가 등으로 인한 결과이며 앞으로도 계속 증가되리라 예상된다. 이는 세계화 추세를 보여주는 가장 대표적인 지표라고 볼 수 있다.

'다문화와 사회적 변화'에서도 언급했듯이, 산업화를 통해 점차 싼 노동력을 찾아 해외로 진출하고, 판매도 국내가 아니라 해외로 확장해 가고 다국적 기업의 유입으로 국가 간의 경계가 허물어지며 전 세계가 하나의 경제권으로 통합되었다. 이로 인해 한 국가의 경제 문제가 다른 나라에까지 직접적으로 영향을 미치고 있으며, 이와 함께 1990년대에 접어들면서 SNS 등 정보통신의 발달로 인해 클릭 하나만으로 지구반대편의 소식을 우리 이웃집 소식보다 더 먼저 접할 수 있게 되었다.

그 대표적인 예로 SNS나 드라마를 통해 한국 문화를 접한 외국인들이 우리나라에 여행은 물론 유학을 오고 자기 나라에서 한국어를 공부하는 모습을 소개한 TV 프로그램을 본 적이 있을 것이다. 결국 노래 가사처럼 'we are the world'가 실현되어 정말 세계가 이웃이 되는 사회에 살고 있다. 경제로 인해 시작되었지만 지금은 경제를 넘어서 문화까지 확장되면서 그 세계화의 영향력은 우리 모두에게 미치고 있다고 해도 과언이 아니다.

이와 관련하여 우리나라 결혼이민자[2]의 현황을 살펴보면, 2002년 이후 매년 28% 이상 높은 증가 추세를 보였으나, 2014년 4월 결혼이민(F−6) 사증(비자) 발급심사 강화 및 국제결혼 안내 프로그램 이수 의무화 조치 등의 영향으로 최근 3년 평균증가율은 1.6%에 그치고 있으며, 2018년에는 159.206명으로 전년 대비 2% 증가하였으며 구체적인 현황은 |그림 2−2|와 같다.

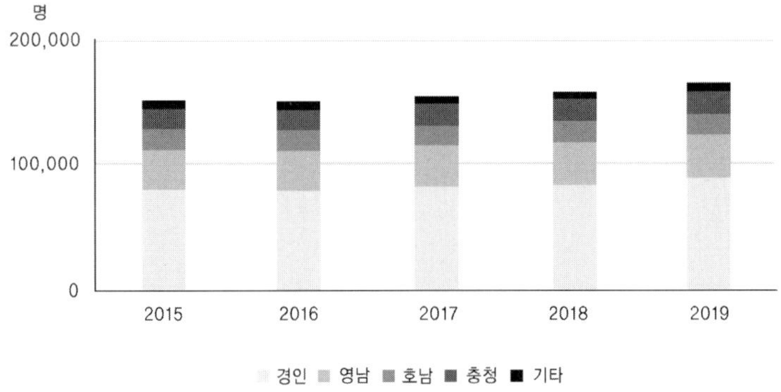

|그림 2-2| 우리나라 결혼이민자 현황

출처 : E−나라지표.

또한 우리나라 출입국자[3] 현황을 살펴보면, 2013년부터 증가 추세를 유지되고 있으며 2017년 총 출입국자 수가 처음으로 8천만 명을 돌파(80,407,702명), 2018년 88,908,422명을 기록하였으며 구체적인 현황은 |그림 2−3|과 같다.

2) 결혼이민자 : 체류외국인 중 국민의 배우자 체류자격을 가진 자
3) 출입국자 : 한 해 동안 국내 출입국항을 통해 입출국한 내국인 승객 및 승무원 총 수

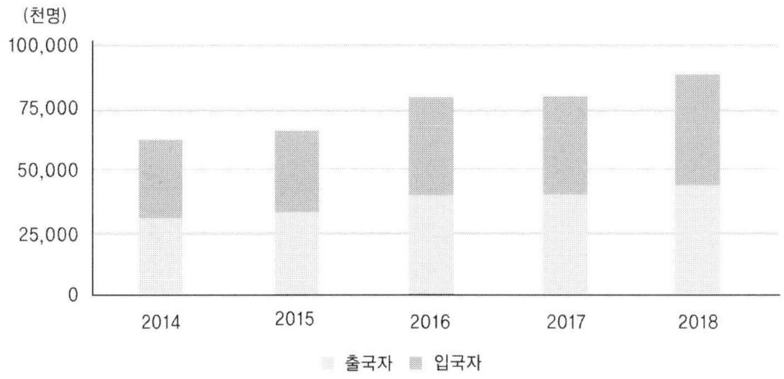

[그림 2-3] 연도별 출입국자 현황

출처 : E-나라지표.

2) 세계화의 양면성

세계화는 현재 누구도 멈출 수 없는 흐름이지만 꼭 좋은 점만 가지고 있는 것은 아니다. 세계화의 명암은 개인으로부터 출발하지만 노동시장과 자본, 정치적 측면까지 사회의 다양한 부분에서 나타난다. 즉, 개인적 측면에서 자유로운 해외여행으로 다양한 문화를 접할 수 있게 되었고 값싼 노동력의 유입으로 저렴한 상품이 증가되었지만 다국적 기업이 골목 상권까지 침투하면서 소비자이자 우리 이웃인 소상공인들의 일터는 점점 축소되고 있다. 또한 단속의 강화에도 불구하고 정부의 의지와는 달리 미등록외국인이 증가하면서 그에 따른 사회적 비용도 증가하게 되었고 그들이 거주하는 일부 지역은 그곳의 대표적 사회적 불안요인으로 낙인화되며 갈등을 유발시키고 있다. 구체적인 내용은 <표 2-1>과 같다.

〈표 2-1〉 세계화 시대의 명암

	긍정적 요소	부정적 요소
개인	• 더 많은 노동가치 실현의 기회 • 세계 여행, 다양하고 저렴한 상품 등 삶의 질 향상에 기여	• 경쟁 및 개인 책임주의의 확대 • 계급에 따른 차별과 양극화의 심화
다문화	• 문화 다양성의 증가와 이국풍에 대한 동경 • 보편적 다문화, 인권의 가치 증대 • 국제 도시화와 교류 활성화	• 서구 중심 문화의 종속화(영어), 자국 우월주의의 확대(동남아) • 다문화 가치 충돌과 갈등 • 혐오주의 • 다문화 계급화 • 기존 빈곤층의 대체
노동	• 저임금 노동력을 통한 비용 절감 • 저렴한 상품에 따른 소비 증가 • 3D 업종 인력난 해소와 고용 창출	• 노동가치의 하락(저임금화) 및 저임금 자국 노동자의 노동기회 상실 • 약소 기업, 동네 가게의 몰락 • 미등록외국인(불법체류자)의 증가 • 노동자 인권 침해 증가
자본	• 국제 경쟁력 강화 • 해외 시장 개척의 기회 • 거대 자본화의 확대	• 해외 거대 자본에 종속화 및 국부 유출 등 시장 주도성 약화 • 외국인노동자 등을 통한 국부 유출 • 결혼이주여성의 상품화
정치	• 인권(세계시민주의)과 인도주의적 가치의 필요 증가 • 글로벌 평등 교육 및 제도의 발전 • 국경의 점진적 소멸 • 개발주의의 확대	• 사회복지, 교육 등 사회적 비용의 증가 • 사회적 불안요인으로 낙인화 • 단속 비용의 증가 • 비자 및 단속 체계 강화 요구 증가 • 보호주의의 확대
발전의 모색	• 인권 관점에서 외국인 권리 및 노동가치의 보편적 보장의 필요 • 보편적·권리적 복지 확대를 통한 사회안전망 강화 필요 • 자본의 투명하고 통제 가능한 수준의 관리 필요 • 외국인노동자 및 결혼이주민 등에 대한 상호인정에 기반한 통합의 필요 • 문화경쟁(우월/ 혐오)주의에서 상호 호혜평등주의로의 전환 필요	

출처 : 우수명 외(2018). 다문화사회복지개론.

또한 이종복 외(2012)는 세계화의 긍정적 측면과 부정적 측면을 다음과 같이 정리하였다. 우선 긍정적 측면으로 외국기술과 인적자원을 끌어들이고 국내 자본을 보충할 수 있었으며, 재화와 서비스의 가격을 절감시킨 점을 들었다. 또한 자유무역의 실현을 통한 더 많은 이익창출, 민주주의의 확산, 다양한 문화 접촉 기회 증대를 통해 우리의 삶을 보다 풍요롭게 만들고 자유로운 인적・물적 교류에 보다 많은 기회와 혜택을 가능하게 할 수 있다고 했다.

이에 반해 부정적 측면으로는 빈곤의 악화와 경쟁의 원리가 지배하고 형평성보다는 효율성이 강조되면서 빈익빈 부익부 현상이 심화되고, 환경 파괴와 자원 고갈이 가속화된다는 것이다. 또한 도시로의 인구 집중화 현상을 통해 일부 도시는 슬럼, 실업, 빈곤, 오염 등 문제가 발생하고 공동체 의식의 상실과 관계되어 소외로부터 범죄, 폭력, 마약 등 부작용이 발생되었다. 투기, 외환위기 등 금융시장의 불안정과 인터넷을 활용한 정보교환의 폐해, 거대 자본을 가진 초국적 기업의 이윤추구 방식의 결과 높은 실업, 생활수준 하락, 소득 불균형 확대, 기업 흡수 및 합병, 임시고용 및 노동의 유연성 폭증 등 부정적 영향이 초래되고 있다고 정리하였다.

위 학자들이 정리한 세계화는 현재 진행형으로 어떤 사람에게는 기회가 될 수 있으며, 어떤 사람에게는 위기가 될 수 있는 '양날의 검'을 가지고 있어 우리가 어떻게 대응하느냐에 따라 그 결과는 상이하게 나타날 것이다. 따라서 세계화에 대응하는 우리의 자세 또한 매우 중요하다고 생각한다.

정리하기

1. 세계화의 대두
   - 세계화란 전 지구적으로 자신이 속한 국가가 아닌 다른 국가로 이동하는 것
   - 세계화 추세는 우리나라뿐만 아니라 세계적으로 영향을 미치고 있으며, 최근 단기간의 변화가 아니라 오랜 기간 지속적으로 반복 및 확장됨. 단지 경제뿐만 아니라 문화 및 사회 등 전반에 영향을 미침

2. 세계화의 양면성
- 세계화는 동전의 양면과 같이 인류의 발전이기도 하나 한편에게는 세계화의 양극화와 폐해 관점에서 비난함
- 세계화를 통해 나타나는 문제에 대하여 어떻게 대응하느냐에 따라 정책의 방향이 상이하게 나타남으로써 누군가에게는 기회로 누군가에게는 위기로 해석될 수 있음

2. 세계화와 국제이주

1) 국제이주의 개념

먼저 이주(migration)란 개인 혹은 집단이 지리적으로 이동하여 체류 또는 정주하는 것으로 정의할 수 있으며, 인류 역사적으로 이주의 흔적은 매우 오래되었다. 굳이 역사책을 살펴보지 않아도 신석기 시대부터 인류는 살아남기 위해 수렵 및 채취가 용이한 곳으로 이동하며 생활했고 이에 따라 인류의 생활과 역사가 발전해 왔다. 그 이후 점차 집단이 생기고 민족, 국가라는 개념이 생기면서 개인 차원이 아닌 국가 간 무역을 위해 이주하거나 이데올로기나 정치적인 이유로 대규모 이주가 일어나기 시작했다.

이주과정의 특징에 따라 이주의 형태(유형)를 구분할 수 있으며 분류와 내용은 <표 2-2>와 같다.

〈표 2-2〉 이주형태 구분

분류기준	내용
공간	국내이주
	국제이주
시간	일시적 이주 : 단기계약근로자, 순환이주노동자
	영구적 이주

이주형태	자발적 이주 : 이주노동자, 결혼이민자, 은퇴이민자
	비자발적 이주 : 난민, 망명신청자, 노예제, 인신매매
이주규모	개인이주
	대량/ 집단 이주

출처 : 정재각(2010). 이주정책론. 인간사랑.

또한 위에 구분표에 따라 분류를 하고자 할 때, 정치적 도덕적 법적인 판단에서 논란이 일어날 수 있다. 그 예로 자발적 경제적 요인에 의해 이주하는 사람은 이주자로 보고, 비자발적 정치적인 근거로 해서 이주하는 사람은 난민으로 보는 경우이다. 예로 1996년과 1997년 알바니아를 떠난 사람들을 봤을 때, 이들 대부분을 더 좋은 노동조건과 높은 임금을 바라는 동기를 가진 이주노동자로 볼 것인지, 또는 자신의 사회에서 더 이상 희망을 찾지 못하기 때문에 강제로 이주할 수밖에 없었던 난민으로 볼 것인지는 논란의 여지가 있다. 또한 이주의 원인 측면에서도 자발성과 강제가 혼합되어 나타나는 경우도 있어 위의 표처럼 구분하기가 쉽지 않은 경우도 많다.

추가로 최근에는 외국에 방문하는 경우가 증가하고 그 기간도 길어짐에 따라 UN에서 이주 기간과 관련하여 국제이주에 대한 정의를 <표 2-3>과 같이 제안하고 있다.

〈표 2-3〉 UN의 국제이주에 대한 정의

구분		정의
장기 국제 이주	1980년	• 이전에 그 국가에서 1년 이상 계속해서 체류한 적이 전혀 없거나 또는 최소 한 번 1년 이상 체류했다 하더라도 마지막 체류일로부터 1년 이상 계속해서 그 국가에 머물지 않는 경우 • 적어도 1년 이상 체류할 의도를 가지고 일국에 입국한 사람
	1998년	• 개인이 자신의 나라를 떠나 외국에 들어가 적어도 1년 이상 그곳에서 체류하면서 살아가는 것
		• '1년 이상'을 '적어도 1년'으로 개정
단기 국제이주		• 3개월에서 1년 사이의 체류

출처 : 천정웅 외(2015). 이민다문화가족복지론, p. 34.

2) 국제이주의 이유

이주의 개념에서 살펴봤듯이 어떤 기준으로 구분하느냐에 따라 형태가 다르듯이 그에 파생된 이유도 매우 다양하다. 즉, 환경적 측면, 이주민의 본국과 이주 목적 국가 간의 환경을 배경으로 배출요인과 흡입요인으로 나뉘며, 그 안에서도 비자발적 이주자의 경우에는 별도의 요인이 작용한다. 이 책에서는 문화다양성 측면에서 국제이주 개념을 살펴보고 있으므로, 이주의 이유를 학자에 따라 이론에 따라 그 이유를 하나하나 살펴보는 것은 생략하고 최근 국제 이주의 경향에 초점을 두어 이주의 원인을 살펴보고자 한다.

간단히 이전의 국제이주는 전 세계적 현상이라기보다는 특정 국가, 민족, 집단별로 한정된 지역에서 일어나는 개별적인 현상이었다. 최근 우리가 살고 있는 이 시대에서 국제이주는 '전 지구적인 경향'을 띨 만큼 지역, 민족, 국가를 막론하고 보편화되었고, 그만큼 규모가 훨씬 커졌고 일상화되었다고 할 수 있다. 이러한 변화는 최근 구소련 및 동구 국가의 몰락으로 대표되는 국제사회의 정치적 구도 변화, 그 후의 자본주의 경제권의 확대와 재편, 신자유주의의 이데올로기에 기반을 둔 새로운 경제 질서의 공고화 등이 중요한 배경으로 제시되고 있다(최명민 외, 2015). OECD 국가의 거주허가증 발급 추이를 살펴보면 |그림 2-4|와 같다.

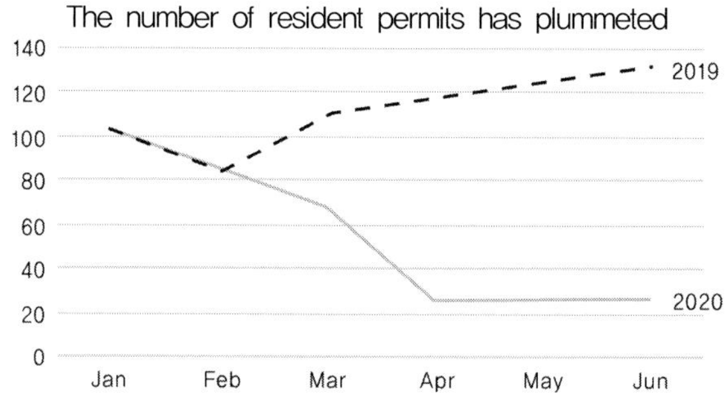

|그림 2-4| OECD 국가의 거주허가증 발급 추이

출처 : 에너지 경제신문.

최근 국제이주 추세를 연도별 OECD 국제이주 전망 보고서[4])를 통해 자세히 살펴볼 수 있는데, 연도별로 굳이 살펴보지 않아도 해를 거듭할수록 증가하는 외국인 거주자와 근로자 수를 예상할 수 있으며 숙련·전문 근로자 수보다는 저숙련 근로자(E-9) 수의 증가가 눈에 띈다. 그러나 이런 추세는 2020년 코로나19가 전 세계로 확산되면서 주요 국가들이 국경통제와 이동제한조치를 하면서 비자와 거주허가증 발급건수가 작년 같은 기간 보다 46% 감소한 것으로 집계되었다. 이와 함께 주로 이민자들이 고용되는 산업이 코로나의 주된 영향을 받으면서 실업률이 증가하였고 이로 인해 더욱더 이민을 하려는 사람들도 감소했다고 분석했다(에너지경제신문, 2020. 10. 22.).

코로나19를 기준으로 그 이전까지 국제이주의 이유를 크게 세 가지로 정리하면 첫째, 경제적 원인으로 지금 현 시대에서 지구촌 반대편의 많은 사람들이 기아와 절대빈곤으로 사망하고 있다. 절대 빈곤에 처해 있는 인구수 증가에 대한 뉴스는 쉽게 접할 수 있으나 직접 눈으로 확인하지 못하는 상황에서 우리와 동시대에 살고 있는 게 맞는지 의구심을 품는 사람도 있지만 사실이다. 저자도 이주민을 만났을 때도 가장 많이 답변으로 들었던 내용으로 직접적이지만 가장 단순하게 '돈을 벌기 위해 왔다'였다. 본인이 1년만 힘들게 일을 해서 본국에 돈을 송금할 경우 가족들이 몇 년 또는 평생 만질 수 없는 돈을 보낼 수 있다는 꿈을 가지고 있었다. 이로 인해 말 한마디 통하지 않고 음식도 맞지 않는 멀리 타행으로 돈을 벌 수 있다면 혈혈단신 국제 이주를 선택하게 되는 결과와 연결된다.

둘째, 인구학적 원인으로 전 세계적으로 급속한 인구 증가는 실업과 경제적 부담을 가중시켜 이주를 추동하였고, 인구 감소와 노령화는 주변국의 이주를

---

4) OECD 국제이주 전망보고서 : 예전에는 '국제이주 경향'이라는 제목으로 출판되었으나 '국제이주 전망'으로 바뀌고 분석범위도 확대되었다. 이 보고서는 4개의 파트와 통계부록으로 구성되어 있으며, 이주에 대한 간략한 역사를 포함한 국제이주 경향, 특별한 주제(일자리/ 보건전문인력 문제), 최근 국제이주 운동에 대한 간결한 국가별 설명과 통계를 제시하고 있다.

수용하게 만들었다. 우리나라의 경우에도 계속되고 있는 취업난에 청년들은 해외로까지 취업처를 넓히고 있다는 뉴스와 그에 대한 문제점으로 최근 청년들의 해외 인턴을 갔다가 폭언, 폭행 등 피해를 당했다는 뉴스를 본 적이 있을 것이다. 근로를 하고 전체 인구를 부양해야 하는 인구가 감소되면서 생산 가능한 연령대의 외국인의 유입이 필요해지고 이는 추후 인구 구조에도 큰 영향을 줄 수 있는 요인이다.

셋째, 국제화 및 개방화와 커뮤니케이션의 발달이다. 국제화 및 개방화를 통해 국가 간 인적 교류와 노동력의 이동이 자유로워져 전 세계 인구 중 2억에 가까운 인구가 자국을 떠나 이주민으로 살아가고 있는데 이 중의 반 정도가 이주노동자라고 해도 과언이 아니라고 한다. 또한 정보통신기술 혁명으로 인한 커뮤니케이션의 발달로 이주민들의 이주에 대한 정보가 실시간으로 공유되면서 이주를 계획한 사람들은 이전 이주자들의 정보를 통해 이주할 곳을 결정하게 된다. 실제로 이주자들의 커뮤니티는 취업뿐만 아니라 실제 거주 시 도움이 될 수 있는 정보들로 큰 도움이 된다.

3) 국제이주와 문화갈등

우선 이주민 입장에서는 새로운 문화를 접하며 혼란이 오는 것은 당연한 일이다. 요즘 유튜브의 검색 메뉴에서 쉽게 볼 수 있는 내용 중에서도 외국인이 우리나라에 와서 충격 받은 일 또는 그들의 반응 등의 제목으로 다양한 영상을 확인할 수 있다. 반대로 생각한다면 우리가 외국에 가서 생활을 한다고 생각할 때 어떤 부분이 어려울지를 생각해 보면 이해가 쉬울 것이다.

국제이주와 문화갈등에 대한 내용을 다섯 가지로 정리해 보면(이종복 외, 2012), 첫째, 당연히 의사소통의 어려움 또는 불가능으로 인해 내가 원래 가지고 있던 지식, 교육으로 본국에서 가지고 있고 누리고 있었던 내용을 표현하거나 누리지 못함으로 인해 아무것도 할 수 없고 자신감도 급격히 낮아진다.

둘째, 이해력 상실과 일상생활의 변화이다. 의사소통과 연동되는 부분으로 문화에 대한 이해도가 낮다 보니 단순한 일조차 부담을 가지게 되고 시간도 많이 소모해야 한다. 셋째, 관계의 변화로 새로운 환경에서 새롭게 만난 사람들과 관계를 쌓아 나가야 한다. 넷째, 감정과 가치관의 혼돈이다. 의사소통을 완벽하게 하지 못하는 상황에서 자꾸 부딪히게 되는 이주민들의 감정, 적응과정에서 가치관의 혼돈을 경험하게 된다. 다섯째, 내국인 측면에서의 문화갈등도 생각해 보아야 한다.

문화충격은 이주민에게만 나타나는 것이 아니라 함께 생활하는 내국인에게도 나타나는데 낯선 문화에 대한 경계와 배타성, 국민의 정체성 문제를 가져오기 때문이다. 한 설문조사에서 한국인으로 판단하는 데 이어 중요한 점으로 당사자의 인식 94.3%, 국적 보유 여부 89.4%, 혈통 83.1%, 한국어 구사 여부 74.3%, 태생지 74.3% 순이었다. 특히 우리나라의 경우 단일 민족을 강조해 오는 문화 속에서 살아오고 있으므로 내국인이 가지는 문화갈등이 더 높을 것이다.

문화갈등 관련하여 내국인과 이주민 모두의 입장이 실려 있는 신문기사를 소개하고자 한다. 그 전에 '게토(ghetto)'란 원래 중세부터 유럽 곳곳에서 유대인을 격리・수용하기 위해 설정해 놓은 유대인만의 특별 거주 지역을 뜻하는데, 현대에서는 일부 소수자들이 따로 집단으로 모여 사는 곳을 곳(지역)을 말한다. 따라 '게토화'란 소수 인종이나 민족 등이 지역적으로 분리되고 고립되어 섬처럼 따로 공동체를 이루고 살면서 사회적으로 소외와 차별, 그리고 빈곤을 경험하는 것을 말한다. 일부 지역에서 다문화가 게토화될 우려가 있으며 이와 관련된 신문기사를 소개하고자 한다.

'토박이 학생들 떠난 동네, 게토화 우려...' 갈라지는 교실

#1. 초등학교 6학년 딸을 둔 김은영(44. 여/가명) 씨는 올해 초 서울 금천구에서 경기 김포시로 이사했다. 오랫동안 금천구에 살았지만 4~5년 전부터 중국동포가 급격히 늘면서 딸아이의 학교를 옮겨야겠다는 생각이 들어서다. 김 씨는 "딸 가진 부모 입장에서 아무래도 아이의 안전이 걱정됐다"며 "조선족(중국동포) 학생이 많아지면서 우리처럼 다른 지역으로 떠난 집이 많은 것으로 안다"고 말했다.

일부 학생들은 면학 분위기나 안전 등을 우려하여 다문화 학생 비율이 높은 학교를 떠나고, 다문화 학생들은 적응하기 쉽다는 이유로 오히려 다문화 비율이 높은 학교로 몰리는 상반된 현상도 나타난다. 한국행을 준비 중이거나 국내에 체류하고 있는 중국동포 사이에서는 서울 서남권 지역 학교가 '명문'으로 꼽히는 것으로 알려졌다.

다문화 학생과 일반 학생의 학부모 간 교류도 녹록지 않다. 서울 금천구 C초등학교에서 학부모 회장을 맡은 유영숙(44. 여/가명) 씨는 "학부모회 차원에서 다문화 학부모의 참여를 계속 독려하지만 일을 하러 가는 경우가 많고, 한국에 온 지 얼마 안 된 분들은 시간이 있어도 참여를 잘 안 한다"고 말했다. 유 씨는 "(한국인) 학부모 중에는 중국에서 온 분들이 공중도덕 개념이 별로 없다며 만나길 꺼리는 사람도 있다"고 덧붙였다.

상황이 이렇다 보니 다문화 학생 비율이 높은 일부 지역이 '게토화'할 수 있다고 우려한다. 게토는 제2차 세계대전 당시 유대인 격리지역에서 비롯된 이름으로 소수 인종이나 종교집단이 거주하는 구역을 가리키는 말이다.

이를 바라보는 교육당국의 고심도 깊어지고 있다. 서울시교육청의 한 관계자는 "아무리 좋은 다문화 교육정책을 들고 나와도 학생과 학부모들이 다문화에 편견을 가지고 있으면 소용이 없다"며 "교육청이나 학교뿐만 아니라 지역사회의 노력이 절실한 상황"이라고 말했다.

출처 : 세계일보(2017. 11. 1.) 일부.

정리하기

1. 국제이주의 개념
   - 이주(migration)란 개인 혹은 집단이 지리적으로 이동하여 체류 또는 정주하는 것으로, 인류 역사적으로 이주의 흔적은 매우 오래됨. 초창기에는 개인 차원의 이주로 시작되었으나 점차 국가간 무역을 위해 이주하거나 이데올로기나 정치적인 이유로 대규모 이주가 발생하기 시작함
   - 이주의 특징에 따라 구분이 다양함

2. 국제이주의 이유

첫째, 경제적 원인, 즉 절대빈곤으로 인해 돈을 벌기 위해 이주 선택, 둘째, 인구학적 원인으로 급속한 인구 증가로 실업과 경제적 부담은 이주를 추동하였고 반면 인구 감소와 노령화를 주변국의 이주 수용. 셋째, 국제화 개방화로 국가 간 인적 교류와 노동력 이동 자유, 커뮤니케이션 발달로 정보 실시간 공유로 이주지 선택

3. 국제이주와 문화갈등

- 이주민 측면에서 겪는 문화 충격으로 의사소통의 불능, 이해력 상실과 일상생활의 변화, 관계의 변화, 감정과 가치관의 혼돈이 발생함
- 내국인 측면에서 이주민들의 낯선 문화에 대한 경계와 배타성, 국민의 정체성 문제를 야기함

3. 세계화와 인권

1) 사회복지와 인권

인권(人權)이란 인간으로서 당연히 가지는 기본적 권리로 사람이 개인 또는 나라의 구성원으로써 마땅히 누리고 행사하는 기본적인 자유와 권리를 말한다. 민족, 국가, 인종 등에 상관없이 인간이라면 누구에게나 인정되는 보편적인 권리 또는 지위를 말한다(네이버 지식백과). 한마디로 요약하자면 사람이 사람답게 살 권리라고 할 수 있는데, 참 쉬우면서도 어려운 부분이라고 할 수 있다.

요즘 복지기관 또는 공적기관의 서비스에 만족하지 못하거나 무조건적 서비스를 요청하는 일부 클라이언트들이 민원을 제기할 때 자주 쓰는 말 중에 하나가 국가나 기관이 자신이 사람답게 살 수 있도록 지원을 해주지 않는다는 말을 많이 해서 어떨 때는 인권의 의미가 오용 또는 남용하고 있다고 생각이 드는 때도 있지만, 사회복지 현장에서 인권이란 용어는 자주 등장하며 개입계획을 세울 때 고민의 중심이라고 해도 과언이 아니다. 실제 취약계층들은

여러가지 사유로 자신의 의견이나 결정권이 무시당하거나 소월해지는 경우가 많아 사회복지사는 개입 시 클라이언트의 자기결정권 등이 침해받고 있지 않는지 확인하고 옹호해주는 역할을 하고 있다. 굳이 인권활동이라고 명명하지 않아도 사회복지와 인권은 함께 계속되어 왔던 내용으로 사회복지의 모든 활동들이 클라이언트의 인권실현 활동이라고 말하는 학자(김상균 외, 2001)의 말과 일맥상통하다고 할 수 있다.

더구나 우리나라도 다문화사회로 진입함에 따라 인권 측면에서 내국인 보다 더 취약한 이주민을 개입하게 되면서 인권문제가 더 대두되기 시작하였으나 아직은 그에 따른 법과 제도가 따라오지 못하고 있는 게 현실이다.

2) 인권의 발달

인권의 개념과 범주는 고정되고 정태적이지 않고 계속 변화, 발전해 오고 있다. 짐 아이프(Jim Ife)는 인권의 개념을 제1세대, 제2세대, 제3세대로 나누고 인권 범주의 확대 과정을 설명하였다.

제1세대 인권은 18세기 자유주의적 정치 철학의 발달과 계몽주의에 지적 기원을 둔 것으로 마샬(Marshall)의 공민적 요소와 정치적 요소를 지칭하는데, 투표권, 언론 및 집회, 사상, 종교의 자유, 법 앞의 평등, 사생활의 보장 등을 말한다.

제2세대 인권은 경제적 사회적 문화적 권리로 마샬의 사회권 요소를 말하며, 취업권리, 적정임금을 받을 권리, 사회보장에 관한 권리 등을 포함하며, 19세기와 20세기의 사회민주주의, 사회주의 그리고 여타 집단주의운동에 지적 기원을 두고 있다.

제3세대 인권은 경제개발에 대한 권리, 경제성장으로부터 혜택을 받을 권리, 환경권 등을 지칭하는 것으로 개개인에 적용되기보다는 지역사회, 전체 국민 등 집단적 수준에서만 의미를 가지는 권리이고, 이러한 집단적 권리는

20세기에 들어서야 인권으로서 인식되기 시작하였다고 한다.

이런 인권의 발달과정을 사회복지실천과 연관 지어 본다면, 제1세대 인권은 정치권에 해당하므로 사회복지보다는 법률가에 의해 주도되는 활동, 제2세대 인권은 인간다운 생활을 할 권리로 복지권이라고 볼 수 있으므로 사회복지의 핵심영역과 관련된다고 볼 수 있다. 그리고 제3세대 인권은 집단적 권리로 집단적 맥락에서 이해될 필요가 있는 권리로 지역복지 활동 측면과 연관성이 높다고 볼 수 있다.

이런 관점에서 우리나라의 인권은 과연 어느 단계까지 와 있는지 생각해 볼 필요가 있다. 이의를 제기하시는 분도 있겠지만 우리나라는 선별적 복지에서 보편적 복지 국가로 넘어갔다고 말할 수는 있어도 100% 보편적 복지가 실현되었다고는 아직은 자신 있게 말할 수 없다고 생각한다. 현재 어느 단계에 있냐가 중요하기보다는 앞으로 어떻게 나아가야 하는지 다 함께 생각해 보자.

3) 다문화사회와 인권

지금부터 실천가인 사회복지사가 가장 눈을 크게 뜨고 봐야 하는 부분이다. 그에 앞서 세계인권선언문을 살펴보기를 바란다. 제3차 국제연합총회(1948. 12. 10)에서 18인의 인권위원회가 기초하여 작성한 세계인권선언문을 채택하여 선포하였고 기본적 인권을 국제적으로 보장하기에 이르렀다. 전체 30조로 구성되어 있으며 한 문장 한 문장 인간의 인권에 대해 다시 한번 생각할 수 있게하므로 기회가 된다면 꼭 세계인권선언문을 읽어보기 바란다. <표 2-4>는 학습용으로 쉽게 풀어 쓴 세계인권선언문의 주요 내용이다.

〈표 2-4〉 세계인권선언문 주요 내용

제1조	우리는 모두 형제자매이다.	제14조	다른 나라로 피신해 갈 권리가 있다.
제2조	누구든지 차별받지 않아야 한다.	제15조	누구나 국적을 가질 권리가 있다.
제3조	자기 생명을 지킬 권리, 자유를 누릴 권리, 그리고 자신의 안전을 지킬 권리가 있다.	제16조	성년이 된 남녀는 누구든 결혼할 수 있다.
제4조	어느 누구도 노예가 되어서는 안된다.	제17조	자기 재산을 소요할 권리가 있다.
제5조	어느 누구도 고문이나 잔인한 형벌을 받아서는 안된다.	제18조	내가 원하는 종교를 가질 수 있다.
제6조	법 앞에서 '한 사람의 인간'으로 인정받을 권리가 있다.	제19조	생각하고 표현하는 것은 자유이다.
제7조	법은 누구에게나 평등하게 적용된다.	제20조	평화적으로 단체를 이루어 모일 권리가 있다.
제8조	억울할 때에는 법에 도움을 청해야 한다.	제21조	정치에 참여할 권리가 있다.
제9조	어느 누구도 자의적으로 체포, 구금, 추방을 당하지 않는다.	제22조	사회보장제도를 누릴 수 있다.
제10조	공평하고 공개적인 재판을 받을 권리가 있다.	제23조	내가 원하는 일을 자유롭게 할 수 있다.
제11조	누구든지 죄가 증명되기 전까지는 무죄로 추정될 권리가 있다.	제24조	휴식과 여가의 권리가 있다.
제12조	나만의 세상을 가질 수 있다.	제25조	건강하고 행복한 생활 수준을 누릴 권리가 있다.
제13조	자기 나라안에서 어디든 갈 수 있고, 그 나라를 떠나거나 다시 돌아올 권리도 있다.	제26조	누구나 배울 수 있다.
		제27조	문화를 즐길 권리가 있다.
		제28조	인권이 실현되는 세상에서 살 권리가 있다.
		제29조	인권이 보장되는 사회를 만들 의무가 있다.
		제30조	나의 권리를 보장받기 위해 타인의 권리를 짓밟을 권리는 없다.

출처 : 다음 백과사전.

다문화사회에서 인권문제는 중요한 이슈로 그들은 대표적인 사회적 약자이기 때문에 차별받기 매우 쉽다. 특히 우리나라처럼 단일혈통의 단일민족을 강조하는 경우 뉴스에 나오는 나쁜 고용주들뿐만 아니라 우리 스스로도 잘 모르고 바라봤던 차가운 시선과 무심히 던졌던 말 한마디가 그들에게는 큰 상처가 될 수 있다는 점을 잊어서는 안 된다. 인권 침해 사례는 사실 많고 뒤 주제별로 소개를 하고 있어서 고민을 하다가 2020년 9월에 출간된 네팔 이주노동자들이 쓴 시집 '여기는 기계의 도시란다'에서 한 작품을 소개한다. 수많은 숫자로 구성된 어떤 정확한 피해실태 조사표보다 더 많은 것을 직접 느끼게 하는 것 같다. 우리 스스로에 대해 생각해 볼 수 있기를 바란다.

한국에서 농업노동자로 비닐하우스에서 하루 18시간 일하면서도 휴가를 얻지 못한 '러메스'님. 현재는 네팔로 돌아갔다고 합니다.

생일을 맞아 휴가를 청하는 나에게
내 굶주림의 신인 '사장님'이 말씀한다.
"이번에는 일이 많다.
내년에는 생일을 잘 보내도록 해라."
시간이 지나 다시 사장님에게 부탁한다.
"사랑하는 사람과 결혼하고 싶어요.
저에게 휴가를 주세요."
사장님이 말한다.
"이번에는 일이 많다.
다른 길일에 결혼하도록 해라."
하루는 삶에 너무나도 지쳐서 내가 말했어요.
"사장님. 당신은 내 굶주림과 결핍을 해결해 주셨어요. 당신에게 감사드려요.
이제는 나를 죽게 해주세요."
사장님이 말씀하셨어요.
"알았어. 오늘은 일이 너무 많으니
그 일들을 모두 끝내도록 해라.
그리고 내일 죽으렴."

-러메스-

다문화사회에서 인권을 바라볼 때 우리가 고려해야 하는 중요한 사항 중에 하나가 바로 문화적 차이이다. 예를 들어, 우리나라는 잠시 어른들이 슈퍼에 가려고 자녀들을 집에 혼자 두는 경우가 있지만 미국의 어느 주에서는 일정한 나이 이하의 아이를 집에 혼자 두면 아동학대죄에 해당된다.

필자가 직접 겪은 사례로 다문화 가정 중 어머니가 동남 아시아인이었던 분이 있었다. 필자를 비롯하여 그 아동을 본 전문가 모두는 우리나라의 문화적 시각에서 어머니의 양육태도는 방임이라고 판단하였다. 그러나 사례회의와 장시간의 개입을 통해 내린 결론은 그 어머니 나라의 문화 측면에서는 당연한 방식이었다. 이처럼 서로의 문화를 이해 못하면 갈등이 생길 수도 있고 누구의 문화가 영향력이 더 큰지에 따라 상대방의 의사와 관계없이 그 문화를 강요할 수도 있다. 이 과정에서 우리가 인지하지 못하는 사이 인권침해가 발생할 수도 있다는 점을 잊어서는 안 된다. 왜냐하면 특히 이주민들은 자신의 의사를 정확하게 표현하기에는 의사소통에 한계가 있기 때문이다.

그러므로 다문화사회에서 상대의 인권에 대한 나의 태도와 가치가 얼마나 긍정적이냐 얼마나 민감한가에 따라 그 결과는 매우 상이하게 나타난다고 볼 수 있다. 또한 책의 앞부분에서도 나왔듯이 다문화사회는 무조건 도와주거나 불쌍하게 생각하는 것이 아니라 인간에 대한 존중에 기초한 인권적 사고로 접근이 필요하다는 것을 꼭 기억해 두기 바란다.

정리하기

1. 사회복지와 인권
   - 인권(人權)이란 인간으로서 당연히 가지는 기본적 권리로 사람이 개인 또는 나라의 구성원으로써 마땅히 누리고 행사하는 기본적인 자유와 권리
   - 사회복지의 모든 활동들이 클라이언트의 인권실현 활동이라고 말할 정도로 인권은 모든 단계에서 고려해야 하는 중요한 요인

2. 인권의 발달
   - 서구 중심의 세계화는 인권의 확장에 많은 영향을 미침
   - 17세기 개인주의적 자연권으로부터 민주주의체제가 시작되면서 인권 1세대(투표, 집회의 자유, 공정한 재판을 받을 권리), 산업자본주의 발달과 더불어 사회민주주의에 기초한 인권 2세대(교육, 주거, 의료 등 보편적 사회복지제도), 연대권과 세계화 시대와 맞물린 인권 3세대로 발달됨
3. 다문화사회와 인권
   다문화사회의 인권을 바라볼 때에 문화적 차이를 고려해야 하며, 무조건 도와주거나 불쌍하게 생각하는 것이 아니라 인간에 대한 존중에 기초한 인권적 사고가 필요함

CHAPTER

03 다문화주의

1. 다문화주의의 개념

다문화라는 개념을 정리할 때도 그러했듯이 다문화사회에 대한 개념도 하나로 정의하기가 쉽지 않다. 최근 많이 쓰이는 용어로 영어로는 'multiculturalism'이다. 이 용어가 처음 쓰인 것은 1970년대부터인데 캐나다에서 1971년에 이중언어 정책에 기반한 다문화주의 정책을 처음 실시했다. 그리고 1973년에는 호주에서 다문화 정책이 공식적으로 시작되었다. 미국에서는 1980년대 들어 초・중・고등학교 각급 학교교육에서 다문화교육의 개념이 적용되기 시작했다. 우리나라의 시민사회나 정책 당국, 그리고 언론 등에서 이 용어가 시작된 것은 지난 2000년대 중반 이후부터의 일이다.

캐나다의 정치철학자 테일러(Charles M, Taylor)는 다문화주의를 "문화적 다수집단이 소수집단을 동등한 가치를 가진 집단으로 간주하는 '인정의 정치(politics of recognition)'"로 정의 했다. 이는 단순히 소수 집단의 정치적・사회경제적・문화적 권리를 존중하고 그들의 문화가 존속할 수 있도록 적극적 조치를 취하는 것을 의미한다. 또한 한 사회에서 소수집단에 대한 차별을 철폐하고 집단구성원들의 평등한 기회 보장을 위한 여러 가지 정책을 시행하는 것을 포함한다(박승우, 2019).

다문화주의란 특정 사회에서 문화적・사회적 이질성이 존재하지만 인종 및 민족집단 간의 차별 및 갈등이 없고 힘의 불균형이 존재하지 않는 평등한 상태의 사회를 지향하는 개념이라고 할 수 있다. 다문화주의와 함께 기억해야 할 단어로, '자민족중심주의'와 '동화주의', '문화다원주의'가 있다. 자민족중심주의(ethnocentrism)란 다른 문화를 자기 문화의 틀 속에서 해석·평가하는 경향을 말한다. 이러한 경향은 지리상의 발견 이후 유럽의 해외식민지 건설 시기에 두드러졌다. 즉, 자신의 문화를 다른 문화보다 우월하다고 보며 주류문화집단으로 생각하여, 다른 소수집단의 문화를 일탈 또는 비정상적인 것으로 보는 경향이 높다.

그 다음으로 동화주의로 '동화'란 사전적 의미로 '본디 성질이나 성격이 다른 것이 서로 같게 됨'을 의미하는데, '비슷하게 되어가는 과정'(Cashmore, 1996)을 의미한다. 동화주의란 한쪽이 다른 한쪽과 동일하게 변해 갈 것을 기대하는 일방적 통합정책을 의미한다. 이로 인해 한 국가 내에 공존하는 주류문화와 비주류 문화 또는 하위문화를 두고 주류문화에 통합시키는 것을 목표로 한다. 즉, 이주민들이 자신의 출신국가의 문화를 버리고 이민국의 새로운 문화를 하루 빨리 받아들이고 적응해야 하며 이를 지원하고 강요하는 정책에 초점이 되어 있다. 보통 초반 이민국가들의 대부분이 동화주의 입장에서 이민자 통합정책에 지원했다. 추후 우리나라의 정책 소개에서도 언급되지만 우리나라도 마찬가지였다.

마지막으로 문화적 다원주의(cultural pluralism)는 다문화주의와 혼돈하는 경우가 있는데 다른 개념으로 비교해서 기억해 두기를 바란다. 문화적 다원주의는 여러 집단이 고유한 문화를 그대로 유지하면서 전체 사회의 지배문화에 참여하는 형태를 말한다. 즉, 기본적으로 문화의 다양성과 다원성을 인정하면서도 주류사회가 존재함을 인정하는 한도 내에서 다양한 소수민족과 그들의 문화도 존재함을 인정하는 소극적 다문화 개념이다. 이에 비해 다문화주의(multiculturalism)는 보다 적극적인 개념으로 주류 사회의 중요성을 강조하기보다는 다양한 문화가 평등하게 공존할 수 있음을 강조한다(조원탁 외, 2012 재인용).

정리하기

1. 다문화주의 개념
    - 다문화주의란 특정 사회에서 문화적·사회적 이질성이 존재하지만 인종 및 민족집단 간의 차별 및 갈등이 없고 힘의 불균형이 존재하지 않는 평등한 상태의 사회를 지향하는 개념임
    - 자민족 중심주의란 다른 문화를 자기 문화의 틀 속에서 해석·평하는 경향으로, 자신의 문화를 다른 문화보다 우월하다고 보며 주류문화집단으로 생각하여 다른 소수집단의 문화를 비정상으로 봄
    - 동화주의란 한쪽이 다른 한쪽과 동일하게 변해 갈 것을 기대한 일방적 통합정책을 의미, 한 국가 내에 공존하는 주류 문화와 비주류 문화(또는 하위문화)를 두고 주류 문화에 통합시키는 것을 목표로 함
    - 문화적 다원주의란 주류사회가 존재함을 인정하는 한도 내에서 다양한 소수민족과 그들의 문화도 존재함을 인정하는 소극적 다문화 개념으로, 이에 비해 보다 발달된 개념인 다문화주의(multiculturalism)는 보다 적극적인 개념으로 주류 사회의 중요성을 강조하기보다는 다양한 문화가 평등하게 공존하는 것을 의미함

2. 다문화주의의 등장배경

1) 서구사회의 다문화주의 등장배경

다문화주의는 한마디로 표현하자면 노동력 부족을 해결하기 위해 노동이민자들을 받아들이게 되면서 시작되었다고 말할 수 있다. 외국의 역사를 굳이 살펴보지 않더라도 1960년대 말 저자의 부모님 세대는 독일로 돈을 벌기 위해 간 광부와 간호사 세대였다. 그러나 1973년 오일쇼크로 인해 유럽의 일부 국가에서는 노동이민이 중단되기도 했지만 이주는 계속되어 이민 2세, 3세의 등장과 이민자 사회, 다문화가 나타났다. 또한 프랑스, 영국 등 서유럽 국가에서 저출산으로 인한 급격한 인구감소의 문제가 심각해짐에 따라 아프리카, 아시아, 남미 등 제3세계 국가로부터 다수의 이민자들을 받아들이게 되었다.

출처 : 대한민국역사박물관 블로그. '파독 광부, 그리고 간호사들의 마을, 남해 독일마을'.

1980년대 중반 냉전시대의 상징이었던 베를린 장벽의 붕괴와 구소련의 해체로 탈냉전시대가 되면서 동유럽 국가에서 다수의 이민자들이 정치적 또는 경제적 이유로 서유럽과 미국으로 망명을 하게 되면서 이주가 증가하기 시작했다. 또한 서유럽 국가에서 저출산으로 인한 인구감소가 발생하자 아프리카, 아시아, 남미 등 제3세계 국가로부터 다수의 이민자를 수용하게 되었다.

1980년대 이후에는 세계화로 인해 TV나 인터넷으로 경제 선진국의 모습을 쉽게 접하면서 그런 모습에 이끌려 아무런 연고가 없는 나라로 이주하는 현상이 증가되었다. 허나 경제 불황과 산업 구조의 변화로 값싼 노동력의 수요가 감소되어 이민이 규제되기 시작하자 불법이민과 인종주의 문제가 발생하였다. 1990년대 전후로 소수인종이나 민족에 대해 개별적, 집단적 차원에서 평등한 기회를 부여하고, 그들의 종교와 문화를 보호해야 한다는 요구와 필요성 증가하였다. 이에 이들의 문화적 생존과 정체성을 인정해 주는 한편 자유주의적 정치 질서의 안정성을 도모할 수 있는 방편으로 다문화주의가 채택되었다.

킴리카(Kymlicka, 2005)는 서구사회에서 다문화주의가 등장하게 된 원인을 ① 선진국의 저출산과 고령화의 인구문제로 인한 이주노동자들의 유입, ② 1960년대부터 진행된 인권운동으로 인한 내국인과 소수인종집단의 권리의식 고양, ③ 민주주의 확립으로 인한 소수집단들의 정치참여 활성화, ④ 냉전의 종식으로 지정학적 안전의 확보와 그로 인한 소수인종집단을 억압하거나 통제할 필요성 감소, ⑤ 자유민주주의적 가치에 대한 광범위한 합의와 지지 등이 있다. 종합적으로 봤을 때 비서구 출신 신규 이민자들의 급증으로 인한 인구학적 변화와 이들에 대한 다수의 집단의 인종편견과 차별로 인한 소수인종집단의 사회부적응, 다수－소수 인종집단간의 사회갈등과 분열의 문제를 다문화주의라는 이념과 정책을 통해 해결하고자 하는 배경 속에서 다문화주의가 등장하게 된 것이다(석인선, 2019).

2) 한국사회의 다문화주의 등장배경

한국사회는 1990년대 이후 산업기술연수제도가 시작되면서 외국인 노동자의 유입이 증가되었고 우리의 예상과 달리 그들이 실제적으로 한국에 정주하기 시작하면서 문제가 발생하기 시작했지만, 본격적으로 다문화에 대한 정책적 논의가 시작된 것은 여성결혼이민자의 유입 이후라고 할 수 있다. 2000년대 이후 중앙정부와 지방자치단체들은 한국의 저출산과 고령화 문제를 해결하기 위해 국제결혼을 후원하였고, 결혼이민자와 자녀의 사회통합을 명목으로 한국의 다문화를 강조하고 그에 대한 정책을 시행하기 시작했다.

이에 반해 이주노동자들의 경우 1990년대 이주노동자를 지원하는 단체들이 하나둘씩 생겨났고, 이들 단체들이 노동권을 비롯해 보호받지 못하는 인권에 대해 법적으로 투쟁하기 시작했다. 그 결과 2003년 고용허가제가 도입되었으나 여전히 이주노동자들은 노동현장에서 폭력, 임금체불, 차별에 노출되어 있었다. 여기에는 우리들의 인식도 영향을 미쳤다고 생각하는데, 이주노동자는 '돈을 벌기 위해 우리나라에 왔으며 언젠가는 떠날 사람'이지만, 여성 결혼이민자들은 '우리나라 사람과 결혼하기 위해 의사소통도 되지 않는 곳에 혈혈단신으로 온 사람'으로 사회적 인식도 차이가 난다.

재한외국인을 지원하는 법을 살펴보면 최근에는 불법체류자들도 조건부로 지원을 해 주는 경우가 나타나고 있지만 기본적으로는 합법체류자들을 대상으로 한다. 사회복지현장에서 주로 만나고 지원이 필요로 하는 대상은 사유는 다르지만 불법체류인 경우가 많은 것이 안타까운 현실이다. 이런 우리나라의 특징은 다문화 용어가 어떻게 만들어졌는지를 살펴보면 더 확실히 알 수 있다. '다문화'라는 용어는 2006년 4월『여성결혼이민자 가족의 사회통합 지원』과『혼혈인 및 이주자의 사회 통합 지원방안』에서 처음 등장하였다. 이때 다문화는 '가족'과 함께 쓰이며 '국제결혼 가족'을 의미하여, 이주노동자, 북한이탈주민들은 정책의 대상에서 자연스럽게 제외되었다.

위에도 언급했듯이 우리나라의 다문화주의는 대부분 합법적인 외국인만을 대상으로 하며 특히 여성결혼이민자들과 그 가족들을 주요 정책대상으로 한정하고 있다. 당연히 여기에는 우리나라의 단일민족에 대한 자부심과 이민국가가 아닌 점이 영향을 미쳤을 뿐만 아니라 외국인 근로자의 경우 제도 측면으로만 살펴보면 일정기간 이후에는 당연히 본국으로 돌아가는 것으로 다문화 정책에서 제외되는 것은 자연스러운 일이라고 생각할 수 있다.

우리나라의 다문화주의는 표면적으로는 다문화주의라고 볼 수 있으나 안으로 들여다보면, 순혈주의적인 동화주의를 채택하고, 여성결혼이민자만을 대상으로 하고 있어 그 외 이주노동자 및 북한이탈주민 등을 배제시키는 차별적인 사회통합모델이다(우수명, 2015).

정리하기

1. 서구사회의 다문화주의 등장배경
   - 서유럽 국가들과 미국을 중심으로 해당 국가들의 경제적/ 사회적 변화와 욕구에 대한 해결책으로 다른 국가로부터 노동이민자를 수용하면서 시작
   - 1980년대 이후 세계 경제의 불화가 값싼 노동력 수요의 감소로 이민규제 심화, 이민자들을 기존의 사회구조에 통합시키려 노력

- 이민자 증가에 따른 다수 집단의 인종편견과 차별로 인해 소수인종집단의 사회 부적응, 갈등 및 분열 등의 문제를 해결하기 위해 다문화주의 등장

2. 한국사회의 다문화주의 등장배경
   - 1990년대 후반부터 이주노동자와 여성결혼이민자수의 급격한 증가로 관심 증가
   - 문화적 다양성을 인정하고 소수민족집단의 동등한 권리를 인정하는 서구사회의 다문화주의와 달리, 합법적인 외국인만 대상, 특히 여성결혼이민자들과 그 가족들을 대상으로 한정
   - 순혈주의적 동화주의, 여성결혼이민자들만 대상으로 하는 차별적 사회통합모델

3. 다문화주의 관련 이론들

1) 다문화주의와 시민권

다양한 동기를 가진 이주민들은 현재 거주하고 있는 국가에서 일정 자격이 되면 시민으로서의 자격을 가지게 된다. 물론 시민권은 반드시 국적과 동일하지 않는 경우도 있으며, 부여 조건도 해당 국가의 역사, 문화 및 경제요인에 따라 상이하다. 시민권이나 국적을 얻는 방법에는 크게 두 가지 원칙이 있다. 속인주의(law of the blood)와 속지주의(law of the soil)로 나눌 수 있는데, 속인주의는 시민이 되기 위해 해당 국가 국민의 자손(혈연관계)으로서 요구조건을 충족시켜야 하며 속지주의는 해당 국가의 영토 내에서 태어나야 하는 조건을 충족시켜야 한다. 현재 대부분의 나라들이 두 원리 중 하나를 택하지만 두 형을 혼합하는 방식을 택하기도 한다.

속인주의의 대표적 나라로 독일과 오스트리아와 같이 민족주의 특성을 가진 나라를 예로 들 수 있는데, 최근에는 속지주의를 함께 채택하는 경향이다. 속지주의의 대표적 나라는 미국, 캐나다, 호주 등 다양한 종족으로 구성된 국가들에게 나타난다. 적법하게 이주한 이주자의 자녀는 현지에서 출생하면 자동적으로 시민이 되며, 미국의 경우 부모의 체류 신분과 관계없이 미국에서

태어난 모든 신생아에게 자동적으로 시민권을 부여한다. 여기에 거주기간을 부가 조건(3년에서 10년으로 국가마다 상이)으로 충족해야만 자격을 부여하는 경우가 있다.

2) 이주민의 사회통합

이주민을 받아들인 국가에서는 그들을 통합시키기 위한 정책을 시행하는데, 크게 세 가지 유형으로 나눈다.

첫째, 동화주의 모델(assimilationist model)로 용광로(melting pot)이론이라고도 하는데 이주민들이 본연의 민족적 정체성을 드러내기보다는 기존에 존재하는 사회의 주류가 만들어낸 기준에 의해 녹아서 융해되는 것을 말한다. 즉, 이주민이 자신들의 언어, 문화 등 고유한 특징을 모두 포기하고, 주류 사회에 합류 및 통합되는 것을 뜻한다. 정책적으로 본다면 이주민들에게 주류 사회의 언어를 사용하도록 권하고 문화와 역사를 교육시키는 것이 이에 해당한다. 대표적인 국가로는 미국이나 프랑스이며, 우리나라의 경우에도 결혼이민자들에게는 동화주의 모델을 적용하고 있다. 이 모델의 궁극적 목표는 이주민들이 주류문화에 흡수되는 것이다.

둘째, 차별적 배제모델(differential exclusionary model)은 이민자를 3D 직종의 노동자와 같은 특정 경제적 영역에서만 받아들이고 복지혜택, 국적・시민권, 선거권 부여와 같은 사회적・정치적 영역에는 절대 받아들이지 않는 것을 의미한다. 말 그대로 국가가 원치 않는 이민자의 정착을 원칙적으로 차단하는 정책 유형을 말한다. 대표적인 국가로 독일, 스위스, 오스트리아 등 단일민족주의가 강한 국가에서 주로 나타난다. 소수집단의 문화를 주류문화로 동화시키거나 배제를 통해 사회통합을 시도하는 것을 말한다. 우리나라의 경우 비전문직 이주노동자들에게 적용되는 단기순환 외국인력 정책인 고용허가제는 차별적 배제모델에 기반한 정책이라 할 수 있다.

셋째, 다문화주의 모형(multicultural model)으로 다른 말로 모자이크 모델 또는 샐러드 볼이라고 불린다. 이주민 그들의 고유문화와 정체성을 지켜 나가는 것을 인정하고 장려하며, 정책목표는 소수 집단의 주류사회로의 동화가 아닌 공존(symbiosis)이다. 즉, 샐러드처럼 이주민을 포함한 사회구성원들이 자신의 문화와 정체성을 잃지 않고 있는 그대로 모양과 맛을 가진 샐러드가 되는 것을 뜻한다. 그리고 다문화주의 모형도 문화다원주의(cultural pluralism)와 다문화주의(multiculturalism)로 세분화할 수 있다. 다양성을 인정하고 사회적 통합을 추구하는 점은 같으나 문화다원주의는 주류사회와 문화를 인정하고 문화적 다원성을 수용하는 것이고, 다문화주의는 주류사회와 소수민족사회 및 이민자를 모두 동등한 자격으로 인정한다.

문화다원주의는 미국에서, 다문화주의는 캐나다와 오스트레일리아가 대표국가로 각각 자유방임주의적 접근과 국가개입주의적 접근으로 설명할 수 있다. 즉, 미국에서는 국가가 소수민족과 이민자들의 고유문화를 유지하도록 지원하는 데 아무런 역할을 수행하지 않고 그들의 자유에 맡기지만 캐나다의 경우 국가가 적극적으로 개입하여 소수민족과 이민자의 고유문화를 발전시키는 데 도움을 주고 있다. 이렇게 각기 다른 세 가지 모델로 분류되고 있으나 현실에서는 세 가지 중 한 가지 특성만 나타내기보다는 정책별로 병행하여 나타내는 경우가 많다.

정리하기

1. 다문화주의와 시민권
   시민권을 부여하는 원칙에는 속인주의와 속지주의가 있음. 속인주의는 해당 국가 국민과 혈연관계를 조건으로 국적을 부여하는 것으로 대표적인 나라로는 독일과 오스트리아가 있음. 속지주의는 해당 국가의 영토 내에서 출생하면 국적을 부여하는 것으로 대표적인 나라로 미국과 캐나다가 있음. 최근에는 두 가지 원칙을 하께 적용하는 국가가 증가하고 있음

2. 이주민의 사회통합

- 차별적 배제모델 : 국가 및 사회가 원하지 않는 이민자의 정주 가능성을 막고 내국인과 차별적 대우를 유지. 단일민족주의에 입각한 민족 관점을 가지고 있는 국가
- 동화주의 모델 : 이주민 또는 소수집단을 일방적인 과정을 통해 주류사회에 통합시키는 정책. 동화되는 것을 조건으로 국적과 시민권을 허용하는 정책 실시
- 다문화 모델 : 문화다원주의(문화적 다양성을 인정하지만 분명히 주류사회가 존재)와 다문화주의(소수집단의 동등한 자치와 권리를 인정하고 이를 지원하기 위해 적극적인 정책을 실시)

CHAPTER

04 다문화사회의 사회복지실천 준비

1. 다문화 감수성과 문화적 역량의 개념

날이 갈수록 다양한 문화적 배경을 가진 사람들이 증가하면서 사회복지실천 현장에서도 클라이언트로 만날 가능성이 매우 높아지고 있고 흔한 일이 되고 있다. 물론 건강가정지원센터(다문화가족지원센터)와 외국인근로자지원센터 등은 당연히 관련 기관이므로 근무자들은 기관차원 또는 별도 교육을 받기도 하지만 일반 사회복지기관의 근무자들의 경우 관련 내용에 대한 교육이 의무사항이 아니므로 소홀히 하는 경우가 많다.

줄거리 : 1999년, 서울의 한 섬유공장에서 보조 미싱사로 일하던 네팔노동자 찬드라는 공장 근처 식당에서 라면을 시켜 먹는다. 뒤늦게 지갑이 없는 사실을 안 찬드라는 계산을 하지 못하고, 식당 주인은 언어가 통하지 않자 경찰에 신고한다. 경찰은 한국어를 더듬는 찬드라를 행려병자로 취급해 결국 정신병원에 입원시킨다. 그 이후 의사와 간호사, 그 누구도 찬드라의 말을 이해하지 못해 6년 4개월 동안 정신병원에 입원하였고 한 의사의 제안에 네팔 통역인을 통해 이 찬드라가 정말로 네팔 사람인 것을 알게 된다.

* 이 사례는 실제 사례로, 현재 찬드라는 네팔로 돌아가 평화로운 생활을 하고 있고 영화의 엔딩에는 네팔로 돌아가 있는 찬드라와 직접 만나 촬영한 엔딩이 나온다.

출처 : 박찬욱(2004). '믿거나 말거나, 찬드라의 경우'.

이주민들의 경우 크게 문화적 차이나 언어장벽으로 인한 어려움은 당연하다고 생각할 수 있지만 힘들게 도움을 요청한 기관에서의 한 번의 안 좋은 경험은 그들을 더욱더 뒷걸음질 치게 하고 오히려 우리나라에 대한 부정적인 편견을 만들게 할 수도 있다. 위에 소개한 영화의 경우 실화를 바탕으로 한 내용으로 찬드라가 만난 여러 사람들 중에서 누구 한 명이라도 제대로 된 의사소통을 했다면 결과는 명백히 달라졌으리라 생각된다.

이렇게 다문화사회복지실천현장에서 전문적 기술이나 지식보다 사회복지사들에게 요구되는 가장 기초적이면서 중요 내용을 '문화적 민감성' 또는 '다문화 감수성(cultural sensitivity)'이라고 한다. 최근에는 문화에 따라 다르게 나타나는 가치, 태도, 신념 등을 이해하고 존중할 수 있는 개인이 능력을 강조하고 이러한 능력을 직업 현장에서 적절하게 활용할 수 있는 개인의 역량인 '문화적 역량'의 개념이 강조되고 있다(이종복 외, 2012). 이 두 개념이 별개로 다른 것이 아니라 우리나라도 다문화사회로 발전하다 보니 사회복지사에게 기대하는 바 또한 높아졌기 때문에 발전된 개념이라고 생각된다. 그렇기 때문에 문화적 민감성이 어느 정도 있어야 그 다음 단계로 문화적 역량을 키울 수 있으므로 이 책에서는 두 가지 개념을 모두 살펴보도록 하겠다.

문화적 민감성이라는 것은 쉽게 말해 집단 간에 존재하는 문화적 다양성과 유사성을 인지하는 것을 의미한다. 문화적 역량은 문화적 다양성 속에서 다른 문화적 관점을 존중하고 문화적 능력을 가지기 위한 문화적 인식과 민감성을 넘어선 포괄적이고 복합적인 개념(Brach & Fraser, 2000)으로, 일반적으로 서비스 전달체계나 기관, 실천가 개인이 다문화 상황에서 효과적으로 서비스를 전달할 수 있게 하는 일관된 행동이나 태도, 정책을 의미한다(Cross, Barzon, Dennis, & Issacs, 1989).

우리가 문화적 감수성이 왜 필요한지 생각해 보기 위해 먼저 우리가 가지고 있는 다문화 가정에 대한 편견을 한번 생각해 보도록 하겠다. 2018년에 제작된 영상으로 다문화 가정에 가지고 있는 우리의 편견을 생각해 볼 수 있으므로 꼭 영상 전체를 확인해 보기 바란다.

출처 : LG(2018). '어느 나라 사람일까요? 다문화 가정에 대한 한국인의 편견'.

이 영상의 주된 내용은 다양한 사람을 보여주고 어느 나라 사람인지 맞춰보는 내용으로, 즉 사람의 외적 측면만으로 그 사람의 국적을 맞춰보는 것인데 여러분도 한번 직접 해 보시기 바란다. 외적 측면만으로 국적을 판단한다는 것은 결국 우리가 기존의 여러 경험과 지식을 바탕으로 만들어낸 생각과 이미지를 가지고 판단한다는 것으로 이는 선입견과 편견을 만들어낼 수 있으므로 주의해야 한다.

당연히 위 영상을 보고 문제 출제자의 의도를 간파한 분들은 속으로 '아~ 그럴 줄 알았어!'라고 하며 '난 인터뷰 한 사람들과 달라' 자신하는 분들도 있을 것이다. 이 영상에서 국적을 맞히는 것뿐만 아니라 후반부에 나오는 인터뷰와 마지막 화면을 잘 봐주기 바란다. 다문화 가정과 다문화 부모, 다문화 청소년에 대해 우리가 당연히 생각하는 '문구들'이 우리가 가진, 우리가 만들어낸 편견이라는 사실을 인지하고 이로 인해 일상생활에서 2차 피해를 받았을 사람들에 대해 다시 한번 생각해 보는 시간이 되었으면 한다.

정리하기

1. 다문화사회와 사회복지실천 준비
   - 문화적 민감성(다문화 감수성) : 타 문화의 특수성을 인정하고 서로 문화적 차이가 있다면 상호 이해와 소통을 통하여 조화로운 관계를 만들어갈 수 있는 인식, 태도, 행동 그리고 가치를 포함한 민감성
   - 문화적 역량 : 문화적 민감성을 넘어서는 포괄적 개념으로, 일반적으로 서비스 전달체계나 기관, 실천가 개인이 다문화 상황에서 효과적으로 서비스를 전달할 수 있게 하는 일관된 행동이나 태도, 정책

2. 다문화 감수성과 문화적 역량의 증진(1)

다문화 감수성과 문화적 역량이 무엇인지를 이해했다면 그것을 증진시키기 위해 어떤 특징과 요소를 가지고 있는지 살펴보자. 다양한 학자들이 이 부분에 대해 설명한 내용 중에 가장 간단하면서도 함축적인 내용은 배움과 겸손이었다. 이는 사회복지사가 배우고자 노력해야 하는데, 그때에도 열린 마음과

융통성을 가지고 여유롭게 임해야 한다는 것이다. 또한 다문화사회복지실천의 과정은 곧 모든 것을 통제할 수 없다는 사실을 받아들이게 되는 겸손의 체험객이라고 하였다. 즉, 문화적 역량은 처음부터 클라이언트의 문화와 관련된 지식이 완벽하게 갖추고 있는 능력을 의미하는 것이 아니라, 관점과 개입방법 등에 있어서 문화적 적절성을 갖추고 의식하며 노력하는 것이 중요하다는 것이다(최명민 외, 2015).

많은 학자들이 문화적 역량을 지식적 역량과 정서적 역량, 기술적 역량을 나누어 구분하였는데, 특히 딜러(Diller, 2007)는 문화적 역량을 갖춘 실천가는 자신의 문화적 가치와 편견을 인식하고 클라이언트의 세계관을 이해하며 그에 따라 적절한 개입계획을 활용할 수 있는 사람이라고 하였다.

이를 위해 첫째, '자기인식' 측면에서 자신의 문화적 배경과 태도 등을 살피고, 이런 것들이 실천과정에서 영향을 줄 수 있다는 사실을 인식하며 관련 지도와 훈련을 지속적으로 받아야 한다고 하였다. 자기인식은 사실 사회복지실천에서 가장 기본이 되고 강조되는 부분이다. 다문화라고 해서 특별히 강조되는 것이 아니라 사회복지라는 것이 나와 다른 사람을 만나 상담하고 서비스를 제공하는 직군이기 때문에 자기인식의 개념은 매우 중요하고 항상 생각해야 하는 부분이다. 즉, 클라이언트의 특별함을 먼저 살피기 전에 사회복지사인 나 스스로에 대해 뒤돌아보고 나는 어떤 사람인지 꼭 파악해야 한다.

둘째, '클라이언트의 세계관을 이해'하는 측면에서 다른 문화적 배경을 가진 클라이언트에 대해 어떤 편견이나 선입관을 가지지 않도록 노력하고 클라이언트가 속한 집단에 대한 정보와 지식을 습득하며, 소수집단을 위한 개입전략을 익혀야 한다고 하였다. 클라이언트를 만나기 전에 클라이언트가 속한 집단에 대해 사전 조사 및 지식을 습득하면 당연히 좋겠지만 업무로 인해 바쁘다 보면 현실적으로 실천을 하기가 쉽지 않다. 이럴 경우 간단한 인사를 포함하여 특징 한 가지만이라도 조사하여 클라이언트를 만날 때 비공식적인 대화의 소재로 활용한다면 우리가 만든 편견으로 인해 상처받고 닫혀 있었던 클라이언트의 마음이 조금은 열리지 않을까 생각이 든다.

셋째, '개입 전략' 측면에서는 클라이언트의 관점과 언어 및 이에 근거한 설명을 존중하고, 소수자가 서비스 과정에서 받는 차별이나 어려움에 민감하게 반응하며 그들과의 소통과 제도적 변화에 힘써야 한다고 하였다. 간단히 말하자면 개입 시 조금 더 클라이언트 관점에서 민감성을 가지고 함께 바라보고 반응하며 옹호자의 역할을 해야 한다는 것이다. 우리 입장에서는 당연한 것들도 그들은 쉽게 신청하지 못하고 미묘하게 차별받는 것이 있을 수 있다. 이런 부분을 클라이언트에게 '왜 신청하지 못하냐'라고 말하기보다는 왜 클라이언트가 신청하기를 주저하는지 그 부분에서 혹시 또 다른 편견이나 차별이 내재되어 있지 않은지 확인하고 때로는 옹호자로서 그들의 입장을 대변해 주는 역할을 해야 한다.

문화적 역량의 주요 세 가지 요소인 인식, 지식, 기술을 중심으로 여러 학자들의 개념을 정리하면 <표 4-1>과 같다.

〈표 4-1〉 문화적 역량의 요소와 내용

요소	구체적인 내용
인식	• 실천가 자신의 문화적 배경에 대한 자기인식 – 실무자의 문화적 배경이 전문적 실천에 미치는 영향을 가늠할 수 있는 것 • 타집단 문화의 다양성에 대한 인식 • 자신의 문화와 타집단 문화와의 차이, 원조과정에 미치는 영향에 민감하기 • 겸손, 존경, 개방성, 비심판적 태도, 사회 정의 등 가치를 견지하는 것 – 인종적·민족적·문화적 차이의 존재를 인정하고 고정관념을 피하는 것 – 문화집단 간에 존재하는 권력의 차이, 채별과 편견의 경험에 대한 인식 – 인간의 다양성을 이해하고 이해를 인정하는 태도
지식	• 클라이언트의 행동을 그들 문화의 맥락 안에서 이해하기 위한 노력의 일환 • 다양한 문화와 문화집단에 관한 지식 – 다양한 문화집단이 가지고 있는 역사, 전통, 가치체계, 세계관, 가족체계 등 – 다양한 문화집단의 출신국가의 사회·경제·정치적 상황

	– 이주를 촉발하게 한 상황 및 이주과정이나 이주 후의 경험 – 차별과 경제적 빈곤, 억압의 경향, 역동성, 그리고 그 결과 • 역사 : 특정 인구 집단의 경험적 역사, 입국 및 이주 관련 역사에 대한 지식 • 문화 : 특정 인구집단의 의사소통 유형, 세계관, 신념체계, 가치관 등에 관한 지식 • 현실상황 : 집단 내 단체 및 조직, 지역사회내 정착상황, 지원 법률 및 제도, 사회적응 상황 및 과정, 정신건강 문제, 가족상황, 강점 및 약점 등에 관한 지식 • 문화에 대한 개념적·이론적 틀을 형성하는 데 익숙해지는 것
기술	• 문화적으로 적절한 개입기술 – 개입과정에서 문화적으로 적절한 기술과 전략 – 클라이언트의 문화적 배경을 서비스 제공과 기획과정에 포함시키는 능력 혹은 문화적 배경에 맞도록 실천과정과 기술을 유동적으로 변화시킬 수 있는 능력 – 다문화와 관련된 문제 인식에 기반하여 적절한 개입기술과 전략 축적 노력 – 사회변화를 꾀하는 데 필요한 기술 습득 – 개인적·집합적 사회정의와 경제정의를 달성하도록 광범위한 차원의 개입 실시 – 제도화되어 버린 억압의 원인과 그 영향에 대항에서 싸울 수 있는 전략 제공 • 민감함 의사소통 기술, 문제해결 기술 – 특정 문화집단과 상호작용하고 그들의 문제해결 과정에 책임감 있어 참여하는 기술 – 다른 문화권의 사람들과 효과적으로 의사소통할 수 있는 능력

출처 : 노충래·김정화(2011); 이종복 외(2012), p. 211 재인용.

다문화 감수성과 관련해서 피터슨(Peterson, 2004)은 '무엇을 아는' 것과 '무엇을 할 수 있는' 것 사이에 있다고 설명하며 스스로 아는 것을 행동으로 옮기게 되는 실천의 변화를 강조했다. 우수명(2018)도 단기간의 배움으로 인식과 성공하는 방법은 배울 수 있지만 태도와 행동의 변화를 이끌어 가는 것은 쉽지 않으므로, 태도의 변화는 다시 인식과 지식의 성장을 가져오는 선순환 과정에 있다고 하였다. 따라서 몸에 배는 '행동으로서의 태도를 습득하기 위한 지속적인 노력은 다문화 감수성 향상을 위해 중요한 자세가 된다고 강조했다.

그 외에도 여러 학자들이 강조했듯이 단순히 지식수준만 높인다고 해서 증진시킬 수 있는 것이 아니라 가치관의 변화, 사고의 전환, 실천적 능력까지 요구되기 때문에 강의식 교육 외에도 실습이나 직접적 · 간접적 체험을 통한 학습이 필요하다고 볼 수 있다. 본 교과목이 다른 교과목과 비교했을 때 영상 자료와 척도지 등을 많이 첨부하여 간접적 체험을 증진시킴으로써 강의식 교육이지만 교육의 효과를 더 높이려고 한 이유도 이와 일맥상통한다고 볼 수 있다.

그렇다면 위에서 말한 증진 방법 중 지금 여러분과 바로 실천해 볼 수 있는 부분은 '자기인식'으로, 쉬울 것 같지만 아무리 노력한다고 하더라도 몇 번의 검사지나 과정을 통해 상담자 내 자신을 객관적으로 100% 자각한다는 것은 현실적으로 불가능하다. 왜냐하면 우리 안의 방어기제들로 인해 실제로 특별한 상황에 맞닿지 않으면 인지할 수 없는 부분도 있는 것이 사실이기 때문이다. 허나 직접적인 경험인 클라이언트를 만나고 난 이후에 인지하면 이미 늦었다고 할 수 있고, 다양한 클라이언트를 만나야 하는 업무의 특성상 미리 검사지를 통해 간접적으로 확인해 보는 노력이 필요하다.

다음은 '나의 편견지수는?' 라는 검사지로, 우리 모두 솔직하게 체크해 봄으로써 다문화에 대한 나의 편견은 몇 점 정도인지 다시 한번 생각해 보기를 바란다. 대부분 이런 검사지를 보면 점수에만 초점을 두어 몇 점 이상이면 정상인가?를 생각하기보다는 질문 하나하나를 통해 내 스스로에 대해 다시 한번 생각해 보는 과정을 해봄으로써 내가 가지고 있는 다문화를 바라보는 관점에서 클라이언트를 만날 때 주의해야 하는 점은 무엇인가를 기억해 두기 바란다. 나의 편견 지수를 검사할 수 있는 구체적인 내용은 <표 4-2>와 같다.

〈표 4-2〉 나의 편견 지수

	질 문	점수*
1	나는 피부색이 다른 사람을 보면 왠지 무섭다.	
2	나는 네팔이나 필리핀에서 온 친구보다는 미국에서 온 친구와 더 친해지고 싶다.	

3	나는 흑인 친구보다 백인 친구와 더 친해지고 싶다.	
4	나는 동남아 사람들이 왠지 더러워 보인다.	
5	나는 외국인 노동자가 우리나라에 오지 않았으면 좋겠다.	
6	나는 국제결혼을 반대한다.	
7	내가 외국인과 결혼한다는 것은 있을 수 없는 일이다.	
8	나는 다문화 가정 친구와 짝을 하고 싶지 않다.	
9	나는 우리나라보다 가난한 나라에 사는 사람들을 우리에게 아무런 도움이 되지 않는다고 생각한다.	
10	외국인과 나는 근본적으로 차이가 있다.	
	총 점	

* 점수 : 전혀 그렇지 않다(5), 그렇지 않다(4), 보통(3), 그렇다(2), 매우 그렇다(1)

출처 : 서울특별시교육청교육연구정보원(2018). 2018년 학생상담자원봉사자 합동보수 교육 자료집, 3.

또한 '세상을 바꾸는 시간'이라는 교양 프로그램의 내용 중에서 네팔인으로 한국에 거주하는 방송인 수잔 샤키야의 '차이가 차별이 되지 않으려면'이라는 내용을 본 적이 있다. 내용 중에서 본인이 경험한 편견에 대해 언급을 하고 있는데 고기집 아르바이트를 하면서 손님 중 한 명이 본인을 보고 갑자기 냄새난다고 말을 한 적이 있어 매우 당황했고 그 당시에는 그게 무슨 뜻인지 몰랐다고 했다. 또한 대학을 다닐 때 나중에 안 사실이지만 자신과 함께 수업을 수강했던 대다수의 학생들이 본인을 왕자라고 생각했다는 것을 나중에 들어서 기분이 좋지 않았다고 말했다.

여러분은 어떤가? 편견이나 선입견이라는 것이 상대방을 비하하는 내용뿐만 아니라 우리가 상대방에 대해 사실이 아닌 내용을 사실처럼 말하는 내용도 포함될 수 있다는 것을 잊지 말아야 할 것이다. 평소에도 '차이'가 '차별'이 되지 않도록 노력해야 할 것이다.

출처 : 지식채널E(2018). 차이가 차별이 되지 않으려면－수잔 샤키야 방송인.

정리하기

1. 다문화 감수성과 문화적 역량의 증진(1)
   - 문화적 역량은 처음부터 완벽하게 갖추는 것이 아님으로 이에 대해 지속적으로 의식하며 노력하는 것이 중요함. 이때 배우고자 하고 열린 마음으로 받아들이는 겸손한 자세가 필요함
   - 문화적 역량의 주요요소로 지식, 정서(인식), 기술로 나누며, 딜러(Diller, 2007)는 문화적 역량을 갖춘 실천가의 구성요소로 첫째, 자기인식을 계속 살피고 이에 대해 지속적으로 지도와 훈련을 받아야 하며, 둘째, 클라이언트의 세계관을 이해하고 선입견을 가지지 않도록 노력하며 관련 지식을 습득해야 하며, 셋째, 개입전략도 클라이언트 관점에서 더 존중하고 제도적 변화에도 노력해야 하는 등 다각적 측면에서 노력이 필요함
   - 단순한 지식의 습득에서 끝나는 것이 아니라 실천을 통한 태도의 변화로 연결되어야 하며 이는 결국 인식과 지식의 성장을 가져오는 선순환과정으로 연결되므로 지속적인 노력이 필요함
   - 특히 다양한 도구를 활용한 자기인식 과정을 통해 상담자 스스로 자신이 가지고 있는 문화적 편견을 자각하려고 노력해야 함

3. 다문화 감수성과 문화적 역량의 증진(2)

본인 스스로에 대한 편견과 가치관을 생각해 보았다면, 그 다음으로 상대방의 세계관에 대해 이해하고 지식을 쌓기 위한 방법으로 가장 쉽게 실천할 수 있는 것이 다문화 관련 방송프로그램을 활용하는 방법이라고 생각한다. 예전 프로그램이지만 KBS의 '미녀들의 수다'를 시작으로 하여 최근에는 MBC every1의 '어서와 한국은 처음이지?'까지 프로그램도 다양해져서 우리가 관심만 가진다면 별도의 워크숍을 참여하지 않아도 다문화에 대한 이해도를 충분히 높일 수 있다. 이 외에도 유*브 등와 같은 소셜미디어 플랫폼을 통해서도 유사하게 타문화와 우리나라 문화를 비교하고 이해할 수 있는 내용을 많이 찾을 수 있으므로 참고하기 바란다.

출처 : KBS2(2010). 미녀들의 수다2; MBC every1(2020). 어서와 한국은 처음이지.

마지막으로 기술적으로 향상시키기 위함은 개인적 노력보다는 제도적, 즉 기관 또는 국가적인 노력 측면이라고 볼 수 있다. 미국의 경우를 살펴보면, 문화적 역량 관련 과목을 교과과정의 필수 교과목에 포함하여 교육하고 있으며 조지타운 대학교의 전국문화적역량센터(NCCC : National Center for Cultural Compentence)처럼 문화적 역량에 대한 정보센터를 건립하여 정보를 집대성할 뿐만 아니라 문화적 역량을 연구, 확산시키는 발판 역할을 하고 있다. 또한 문화적 역량 훈련을 전문자격요건으로 명시하였으며, 2001년에 미국 사회복지사협회(NASW)에서도 문화적 역량 기준과 지침을 제정하였다.

우리나라의 경우는 다문화가족지원법을 통해 '보수교육의 실시'가 규정되어 있으나 이는 다문화가족지원센터의 인력 대상의 사후교육에 국한되어 있다. 그 외 건강가정지원센터(다문화가족지원센터) 인력 기준에서도 다문화 관련 교육 및 실습 시간에 대한 규정 등에 대한 개선이 필요한 부분이다.

미국의 전문문화적역량센터(NCCC)에서 실시하는 정신건강 전문가 대상의 문화적 역량 교육에서 강조하는 요소는 첫째, 대상 집단의 인구사회학적 특성에 대한 이해, 둘째 지역사회의 다양성에 영향을 미치는 내적 요인(문화정체성, 민족 결합력, 언어, 가계도, 문화변용 등)과 외적 요인(인종차별 경험, 집단 간 관계, 지지망, 지역사회 적응 유연성)에 대한 이해, 셋째, 서비스 접근성을 높일 수 있는 방안에 대한 토의, 넷째, 건강에 관한 신념에 대한 이해, 다섯째 문화와 관련된 특정 증상에 대한 이해 등으로 구성되어 있다.

현재 우리나라에서 이루어지고 있는 다문화 관련 교육은 대부분 1회성 특강으로 이루어지고 있다. 증진방법에서 계속 강조되고 있지만 단순히 강의 위주의 지식전달 형식보다는 생각과 태도를 변화시킬 수 있는 사례연구, 역할극, 집단토의 등 워크숍 형태의 다양한 훈련방법이 요청된다. 한 가지 예로 최근 개발된 소그룹 형태의 집단 프로그램인 '강점관점의 문화적 역량 프로그램'을 살펴봄으로써 프로그램 구성을 참고해 보자. 총 10회의 프로그램으로 개인적 관점(문화적 인식), 전문적 관점(문화적 지식), 조직적 관점(문화적 태도 및 문화적 기술)으로 구분하였다. 이 프로그램을 경험적 학습기법을 활용하여 동영상과 대중매체 분석 등 다양한 인식개선 활동과 집단 내 토의와 체험 등 상호작용 연습을 제공하고 있다. 세부 내용은 다음 <표 4-3>과 같다.

〈표 4-3〉 강점관점의 문화적 역량 프로그램

<table>
<tr><th>단계</th><th>프로그램 내용</th><th>활동</th></tr>
<tr><td>사전 모임</td><td>• 프로그램 소개 : 구체적인 일정 조정하기
• 동영상 관람 : 자기소개, 참여 동기 및 개인 목표 소개</td><td>상호이해, 관계 형성, 사전 설문지, 연구동의서 제출</td></tr>
<tr><td colspan="3">개인적 관점 : 문화적 인식</td></tr>
<tr><td>1회</td><td>• 문화적 인식 관련 동영상 관람
• 문화와 문화적 역량에 대한 개요
• 문화적 영향에 대한 자기인식
• NASW 윤리강령과 한국의 윤리강령 비교 분석
• 다양한 연습 : 문화적 편견, 개인적 신념 등 자기인식</td><td>동영상 관람, 강의, 개별활동, 버즈토론
과제 : 문화적 생태도, 문화적 각도 작성</td></tr>
<tr><td>2회</td><td>• 자기인식 자료물 함께 읽기
• 문화적 생태도와 문화적 가계도 나누기</td><td>토론 및 발표</td></tr>
<tr><td colspan="3">전문적 관점 : 문화적 지식</td></tr>
<tr><td>3회</td><td>• 강점관점의 렌즈
– 사회복지사 : 자신의 강점 찾기, 실천현장에서 강점을 적용한 경험나누기, 강점을 확대시켜 나가기
– 다문화가족 접근 : 자신이 경험한 여성 결혼이민자와 다문화가족의 강점 찾아보기</td><td>강의, 게임, 버즈토론
과제 : 2008년 이후 대중매체 5개 이상 분석하기
국가별 문화지킴서 시작</td></tr>
<tr><td>4회</td><td>• 다문화가족에 대한 이슈 : 대중매체(신문, 온라인 자료분석)
• 여성 결혼이민자에 대한 이해 : 이민과 적응(문화, 사회, 결혼 등), 문화적 배경(중국, 베트남, 필리핀, 일본 등) 이해</td><td></td></tr>
<tr><td>5회</td><td>• 최신의 다문화가족 관련 법과 제도, 정책
• 사례토론 및 슈퍼비전
• 중간평가</td><td>강의, 버즈토론, 게임, 공동작업, 사례발표자 선정</td></tr>
<tr><td colspan="3">조직적 관점 : 문화적 태도 및 문화적 기술</td></tr>
<tr><td>6회</td><td>• 중간평가 결과 나누기
• 다문화가족 관련 동영상
• 강점관점 다문화가족 사례관리 : 문화적 사정, 계획, 개입
• 실천지혜 공유 : 나만의 암묵지
• 사례토론 : 실천 현장의 경험 나누기(보람이었던 경험 중심)</td><td>동영상 관람, 강의, 보즈토론, 공동작업
과제 : 사례 보고서 준비</td></tr>
</table>

7회	• 동영상 관람 : 그녀의 이야기 • 실천기술 경험에 대해 나누기 : 관계기술, 상담기술 • 사례토론 : 실천 현장의 경험 나누기(힘들었던 경험 중심) • 사례발표 및 집단 슈퍼비전	버즈토론, 공동작업, 과제 : 문화지킴서 점검
8회	• 여성 결혼이민자의 국가별 문화의 특성이해	소집단 발표 및 토론, 문화지침서 완료, 공동 작업
9회	• 사례회의 및 통합적인 사례관리모형 작업 • 지역사회 네트워크 구성 작업 • 조직적 · 국가적 차원 건의안 만들기	개별활동, 전체 토론
문화적 역량 총괄		
10회	• 문화적 인식 · 지식 · 기술 · 태도의 통합 • 프로그램 경험 나누기 • 목표 달성 점검, 집단의 피드백 • 프로그램 평가	강의, 개별 발표, 공동 작업 사후설문지 조사
	• 마무리 : 사후모임에 대한 논의	

출처 : 김은영(2012). 이화여자대학교 대학원 박사학위논문. 문화적 역량 증진 프로그램 개발, 132.

문화적 역량 훈련은 본인 스스로에 대한 자기인식 과정으로 시작하여, 위와 같은 소그룹 훈련 프로그램을 통해 전문가의 역할을 재조명하는 시간도 매우 필요하다(최명민 외, 2015).

그 외 프로그램 시 활용 가능한 문화적 역량 척도(실무자용/ 기관용)를 첨부하오니 꼭 척도를 활용하여 본인의 문화적 역량을 점검하고 지속적으로 다문화에 관련 부족한 부분에 대한 교육 참여를 통해 발달하고 학습하기를 바란다. 이는 최종적으로 내 자신과 다른 다양한 사람을 만나는 사회복지사로서의 역량을 키우는 것과 직결될 것이다.

정리하기

1. 다문화 감수성 증진(2)
   - 지식을 쌓기 위한 측면으로 다양한 TV 프로그램 및 소셜미디어 또는 전문 워크샵 참여 등 다양한 방법 활용 가능
   - 기술적 향상을 위한 제도적 측면에서 다른 나라에 비해 우리나라는 교육과정에서부터 발전되어야 할 내용이 많음. 교육 시 단순히 강의 위주의 지식전달 형식보다는 생각과 태도를 변화시킬 수 있는 사례연구, 역할극, 집단토의 등 워크숍 형태의 다양한 훈련방법이 효과적임
   - 스스로 문화적 역량을 점검하고 지속적으로 다문화에 관련 부족한 부분에 대한 교육 참여를 통해 발달하고 학습하는 것은 최종적으로 사회복지사로서의 역량 증진시키는 것과 직결됨

[부록]

문화적 역량 척도(실무자용)

* 각 문항의 ___에 환자, 클라이언트, 학생, 아동, 대상자 등 적합한 단어 사용
* 5점 척도: 1점-전혀 그렇지 않다, 2점-대체로 그렇지 않다, 3점-보통이다, 4점-대체로 그렇다, 5점-매우 그렇다.

영 역	문 항
문화적 인식	① 내가 서비스를 제공하는 다문화___는 한국 사람과 같은 사회의 구성원이다. ② 다문화___가 한국 사회에 적응하기 위해서는 우리나라 사람들이 먼저 그 차이를 이해하고 수용해야 한다. ③ 나는 내가 만나는___의 출신 국가, 피부색, 종교에 따라 차별을 하지 않는다. ④ 나는 다문화___를 대할 때 한국의 서비스 이용자와 똑같은 태도로 대한다. ⑤ 내는 내가 만나는 다문화___의 다양한 문화가 강점임을 인정한다.
문화적 태도	⑥ 나는 나와 다른 문화의 사람들을 대할 때 나의 가치와 신념을 주입하려 하지 않는다. ⑦ 나는 도움을 제공하는 과정에서 내가 선호하는 것과 내가 만나는 다문화___가 선호하는 것이 다를 수 있음을 인식하고 있다. ⑧ 나는 돕는 전문가로서 나의 문화적 배경과 정체성을 알고 있다. ⑨ 나는 돕는 관계에서 다문화___와 신뢰를 형성하고 있다. ⑩ 나는 돕는 과정에서 다문화___에게 정확한 정보를 제공하기 위해 최대한 노력한다. ⑪ 나는 다문화___가 내가 제공하는 정보를 이해하기 못하여 반복적으로 정보를 제공해야 할 때에도 최대한 친절하게 대한다.
지식 및 기술	⑫ 나는 다문화___와의 관계에서 공감적인 태도로 경청한다. ⑬ 나는 다문화___와 의사소통이 어려운 상황에서도 일관된 태도로 대한다. ⑭ 나는 내가 만나는 다문화___의 문화적 배경을 이해하기 위해 다양한 자료들을 찾아 학습한다. ⑮ 나는 다문화___의 욕구에 맞는 적절한 서비스를 개발하고 있다. ⑯ 나는 다문화___의 비언어적 의사소통의 의미를 알고 있다. ⑰ 나는 다문화___가 직면하고 있는 욕구를 해결하기 위해 필요한 서비스를 제공하고 있다. ⑱ 나는 다문화___가 어떤 도움이 필요한지를 정확하게 파악하고 있다. ⑲ 나는 다문화___를 위한 우리나라의 정책과 서비스를 알고 있다. ⑳ 나는 내가 만나는 다문화___의 강점을 활용하여 도움을 제공하고 있다. ㉑ 나는 내가 만나는 다문화___가 문제를 이해하고 해석하는 방식을 안다.

지식 및 기술	㉒ 나는 전문가로서 내가 전달하고자 하는 의미를 다문화___에게 정확하게 전달하고 있다. ㉓ 나는 나와 문화적 배경이 다른___대해 내가 어떻게 반응하고 있는지를 알고 다문화에 대한 나의 가치와 정체성을 항상 점검한다. ㉔ 나는 다문화___의 인종, 민족, 피부색 등에 대한 지식을 가지고 있다. ㉕ 나는 다문화___들의 종교, 사회 계층, 성적 취향과 관련된 지시을 가지고 있다. ㉖ 나는 내가 만나는 다문화___가 한국 사회의 구성원으로 생활할 수 있도록 돕고 있다. ㉗ 나는 다문화___를 만나면서 문화적 다양성에 대한 지식을 축적하고 있다. ㉘ 나는 다문화___와의 관계에서 어떻게 반응하고 대응해야 하는지를 알고 있다. ㉙ 나는 다문화___와 관계 형성을 위해 그 대상자가 속한 문화의 요소를 활용한다. ㉚ 나는 다문화___를 대할 때 어떤 상황에서 가치가 충돌하는지를 알고 있다. ㉛ 나는 다문화___에 대한 편견을 없애기 위해 지역사회의 여러 체계(기관)와 협력하고 있다. ㉜ 나는 다문화___의 권리 향상과 옹호를 위한 노력을 실행에 옮긴다. ㉝ 나는 제공된 서비스에 대해 다문화___의 평가(만족, 성과)를 정확하게 파악하고 있다.

출처 : 최소연(2010). 원조 전문직을 위한 문화적 역량 척도 개발 연구.

문화적 역량 척도(기관용)

다음은 귀하가 속한 기관의 문화적 역량을 알아보기 위한 것으로, 각 문항은 1~4점으로 되어 있습니다. 부족하여 수정이 매우 필요한 경우(1점)에서 현재 상태로 만족할 경우(4점) 사이에 귀하의 기관의 상황에 표시해 주시기 바랍니다. 다음은 문항에서 다문화 대상자는 전문적 관계에서 만나는 다문화 클라이언트, 학생, 민원인, 환자 등을 말합니다.

* 매우부족(1점) : 다문화 대상자에 대한 실천에 있어 조치 및 수정이 매우 필요한 상태
* 부족(2점) : 다문화 대상자에 대한 실천에 문제가 있어 일부 수정이 필요한 상태
* 적절(3점) : 현재의 실천은 적절하지만 발전적 방향을 위해 약간의 수정이 필요한 상태
* 매우 적절(4점) : 현재이 실천이 적절하여 수정이 필요하지 않은 상태

영 역	문항 번호 및 문항 내용	매우 부족	부족	적절	매우 적절
의사 소통 활성화 (5문항)	기관은 필요시 통역가를 활용하여 다문화 클라이언트에게 도움을 제공하고 있다.	①	②	③	④
	기관은 다문화 클라이언트를 위해 통역가를 활용할 경우 비밀보장을 위한 방안을 마련하고 있다.	①	②	③	④
	기관은 다문화 클라이언트를 효과적으로 돕기 위해 의사소통이 가능한 직원이나 봉사자를 활용하고 있다.	①	②	③	④
	기관은 다문화 이용자에게 정보를 제공하기 위해 클라이언트가 이해할 수 있는 의사소통방법을 활용하고 있다.	①	②	③	④
	기관은 다문화 클라이언트에게 도움을 제공할 때 그 이용자의 문화에 가장 적합한 직원을 연결하고 있다.	①	②	③	④
이용자 권익 옹호 (7문항)	기관은 다문화 클라이언트의 욕구를 해결하기 위해 적절한 서비스를 제공하고 있다.	①	②	③	④
	기관은 다문화 클라이언트를 위한 정책과 서비스의 개선 및 확충을 위해 노력하고 있다.	①	②	③	④
	기관은 서비스 이용자의 국적, 인종, 신념, 종교 등의 이유로 서비스 제공에 차등을 두지 않고 있다.	①	②	③	④

	기관은 필요시 다른(지역) 자원을 연결하여 다문화 클라이언트가 도움을 받을 수 있도록 하고 있다.	①	②	③	④
	기관은 서비스 과정상에서 알게 된 다문화 클라이언트의 개인적 정보에 대해 비밀보장의 방안을 마련하고 있다.	①	②	③	④
	기관은 다문화 클라이언트에 대한 지역사회의 인식 개선을 위해 노력하고 있다.	①	②	③	④
	기관은 다문화 클라이언트의 욕구를 정기적으로 파악하고 있다.	①	②	③	④
서비스 품질 제고 지원 (6문항)	기관은 다문화 클라이언트가 서비스 과정에서 겪는 불평을 호소할 수 있는 창구를 마련하고 있다.	①	②	③	④
	기관은 다문화 클라이언트에게 제공된 서비스에 대한 만족도 조사를 실시하고 있다.	①	②	③	④
	기관은 질적인 다문화 사업을 제공하기 위해 외부 자문과 슈퍼비전(지도감독)을 활용하고 있다.	①	②	③	④
	기관은 다문화 사업을 수행하는 직워들의 교육과 발전을 지원하고 있다.	①	②	③	④
	기관은 서비스를 제공하기 전에 다문화 클라이언트에게 충분한 정보를 제공하고 고지된 동의(잘 설명하고 동의)를 얻도록 절차를 마련하고 있다.	①	②	③	④
	기관은 다문화 클라이언트가 겪는 서비스 과정의 불만족을 개선하기 위해 노력하고 있다.	①	②	③	④

출처 : 최소연(2011). 원조 전문직을 위한 문화적 역량 척도 개발 연구.

제 2 부

한국사회의 다문화

CHAPTER

05 결혼이민자와 다문화사회복지

1. 결혼이민자의 개념과 현황

1) 결혼이민자의 개념

(1) 결혼이민자의 정의

결혼을 목적으로 한국에 이주해 온 외국인을 지칭한다. 특히 한국인 남성과 결혼한 외국인 여성을 부른 말이었으나, 최근 한국 여성과 결혼한 외국인 남성이 증가하며 외국인 배우자와 한국인 배우자로 구성된 국제결혼가정을 지칭한다. 초기에는 정상적이고 일반적인 결혼으로 불인정하였으나, 1990년대 이후 한국 남성과 중국이나 동남아시아 여성의 결혼 비율이 급증함에 따라 사회적 관심이 높아지고 시각도 변화되었다.

(2) 국제결혼의 변천과정

① 1단계 : 1990년대 초 중국과의 수교 이후 조선족 여성들이 대거 유입되었다.

② 2단계 : 일본과 필리핀, 중국의 한족 여성들이 종교적 이유 또는 보다 나은 삶을 찾기 위해 한국 남성과 결혼 후 입국하였다.

③ 3단계 : 2000년 이후 필리핀과 베트남 등 중심으로 동남아시아 여성들이 결혼중개업체를 통해 입국하였다.

(3) 국내로의 결혼 이주 방법

① 아는 사람 소개(조선족이나 한족)

② 직접 만남(중국 또는 몽골)

③ 종교단체(일본, 필리핀, 태국)

④ 사설 결혼 중개 업체(베트남, 러시아)

2) 결혼이민자의 현황

(1) 결혼이민자 변화추이

① 1990년대 중반 이후 급증한 국제결혼 이주여성의 비율은 한국 사회의 인구구성의 변화에 영향을 주었다.

② 국제결혼이라는 결혼형태를 보편화시키며 단일민족 이데올로기에서 벗어나 '다민족' 또는 '다문화사회'로의 전환에 큰 영향을 미쳤다.

③ 2019년 기준 전체 혼인 중 다문화 혼인의 비중은 10.3%로 전년대비 1.1p% 증가하였으며, 다문화 혼인의 유형은 외국인 아내(69.3%), 외국인 남편(17.2%), 귀화자(13.5%) 순으로 나타났으며, 구체적인 내용은 다음 |그림 5-1|과 같다.

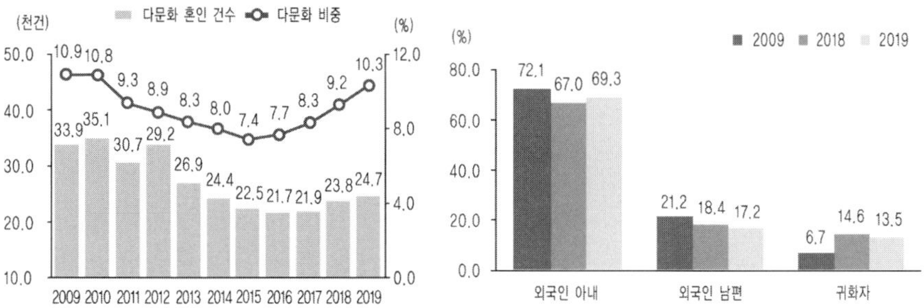

|그림 5-1| 다문화 혼인 추이 및 다문화 혼인 유형별 비중

출처 : 통계청(2020). 2019년 다문화인구동태 통계.

④ 출신 국적별 혼인 현황을 살펴보면 다문화 혼인을 한 외국출신의 남편 국적은 중국이 8.2%로 가장 많고, 미국 6.1%, 베트남 2.6% 순으로 나타났으며, 아내 국적은 베트남 30.4%, 중국 20.3%, 태국 8.3% 순으로 나타났다. 구체적인 현황은 <표 5-1>과 같다.

〈표 5-1〉 출신 국적별 혼인 비중(2017~2019년)

(단위 : 건, %)

남편	2017	2018	2019
건수	21,917	23,773	24,721
계*	100.0	100.0	100.0
한국	69.1	70.7	72.9
외국1)	30.9	29.3	27.1
중국	10.2	9.4	8.2
미국	6.4	6.2	6.1
베트남	2.7	2.5	2.6
캐나다	2.0	1.7	1.5
일본	1.4	1.3	1.1
영국	0.8	0.8	0.8
호주	0.9	0.8	0.7
캄보디아	0.3	0.6	0.7
대만	0.6	0.6	0.6
프랑스	0.6	0.5	0.5
기타	4.8	4.8	4.4

아내	2017	2018	2019
건수	21,917	23,773	24,721
계*	100.0	100.0	100.0
한국	20.0	18.8	17.7
외국1)	80.0	81.2	82.3
베트남	27.7	30.0	30.4
중국	25.0	21.6	20.3
태국	4.7	6.6	8.3
일본	3.9	4.2	3.7
필리핀	4.3	4.0	3.6
미국	2.8	2.7	2.7
캄보디아	2.5	2.5	2.5
러시아	0.8	1.0	1.3
대만	1.3	1.3	1.3
우즈벡	1.1	1.2	1.2
기타	5.9	6.1	6.9

출처 : 통계청(2020), 2019년 다문화인구동태 통계.

(2) 결혼이민자들의 일반적 특성

① 국제결혼의 급격한 증가가 1990년대 후반부터임을 고려했을 때, 결혼이민자들의 상당수가 10년 이상 한국에 체류하여 초기 한국사회로의 적응단계를 지나 통합과정의 단계로 접어들었다.

② 2012년 '다문화가족지원법'의 개정내용에 따라 결혼이민자・귀화자의 10년 이상 거주 비율이 2015년 47.9%에서 2018년 60.6%로 12.7p% 증가하는 등 국내체류가 장기화되고 있다. 구체적인 현황은 |그림 5-2|, |그림 5-3|과 같다.

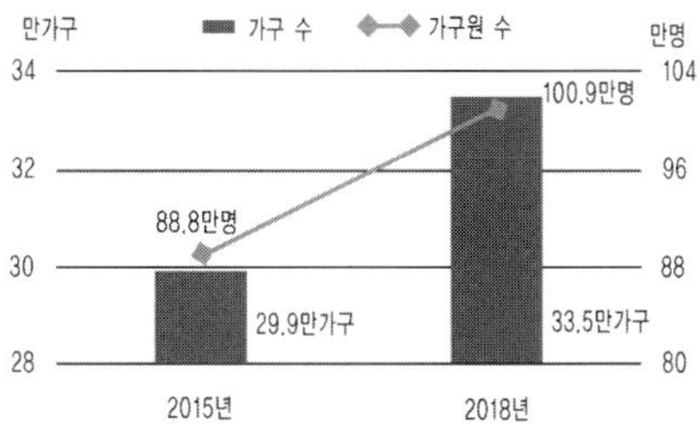

[그림 5-2] 다문화 가구 및 가구원 현황

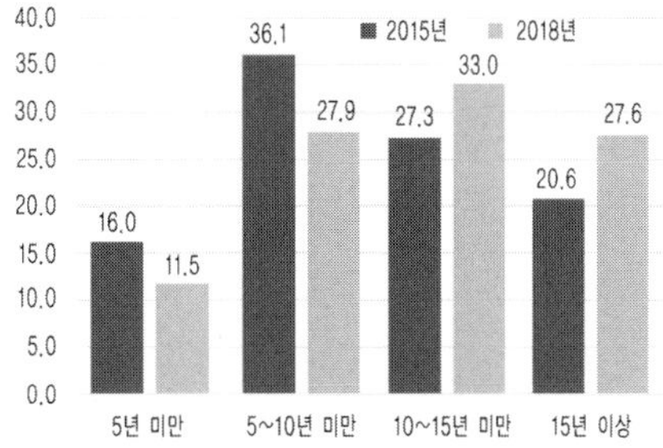

[그림 5-3] 국내체류기간 현황

출처 : 통계청(2020). 인구주택총조사; 여성가족부(2020). 제3차 다문화가족정책 기본계획. 2018년 전국다문화가족 실태조사연구.

③ 결혼이민자 · 귀화자의 성별 분포를 살펴보면 여성 82.7%, 남성 17.3%로 구체적인 내용은 <표 5-2>와 같다.

〈표 5-2〉 결혼이민자 · 귀화자의 성별 분포

(단위: %)

구분	여성	남성	계
성별	82.7	17.3	100.0

출처 : 여성가족부(2019). 2018년 전국 다문화가족 실태조사연구.

④ 결혼이민자 · 귀화자의 연령분포를 살펴보면 30대가 35.1%, 40대가 23.7%, 20대 이하 19.7%, 50대가 15.0%, 60대 이상이 6.5% 순으로 나타났으며, 구체적인 내용은 <표 5-3>과 같다. 2015년에 비해 29세 이하 연령층은 감소하고 30대 연령층은 증가하였으며, 20대 연령층의 결혼이주 및 귀화가 감소하는 경향을 보이고 있다.

〈표 5-3〉 결혼이민자 · 귀화자의 연령분포

(단위 : %)

구분	20대 이하	30대	40대	50대	60대 이상	계
연령	19.7	35.1	23.7	15.0	6.5	100.0

출처 : 여성가족부(2019). 2018년 전국다문화가족 실태조사연구.

⑤ 결혼이민자·귀화자의 혼인상태를 살펴보면 배우자 있음 73.5%, 이혼 및 별거 16.4%, 미혼 5.2%, 배우자 사망 4.8% 순으로 나타났으며 구체적인 내용은 <표 5-4>와 같다. 결혼이민자와 귀화자의 한국 체류기간이 길어지고 점차 고령화됨에 따라 유배우 비율이 낮아지는 반면 사별, 이혼·별거 비율이 높아지고 있다.

〈표 5-4〉 결혼이민자·귀화자의 혼인상태

(단위 : %)

구분	미혼	배우자 있음	배우자 사망	이혼 및 별거	계
혼인상태	5.2	73.5	4.8	16.4	100.0

출처 : 여성가족부(2019). 2018년 전국다문화가족 실태조사연구.

정리하기

1. 결혼이민자의 개념
   - 결혼을 목적으로 한국에 이주해 온 외국인을 지칭하는 개념으로 특히 한국인 남성과 결혼한 외국인 여성을 부르는 말, 최근 외국인 배우자와 한국인 배우자로 구성된 국제결혼가정을 지칭하는 용어로 사용
   - 국제결혼은 1990년대 초 중국과의 수교로 조선족 여성들의 대거 유입, 일본과 필리핀, 중국의 한족 여성들이 종교적 이유 또는 보다 나은 삶을 위해 한국 남성과 결혼 후 입국, 2000년 이후 필리핀과 베트남 등을 중심으로 결혼중개업체를 통해 입국
2. 결혼이민자 현황
   - 결혼이민자수는 1990년부터 2008년까지 꾸준히 증가하다 2009년부터 다소 감소하는 추세, 한국인 남편-외국인 아내의 국제결혼 비율이 높으나 외국인 남성 수도 증가하고 있음
   - 여성결혼이민자들의 출신국은 중국 출신이 가장 많으나 베트남이 급증하고 있음
   - 결혼이민자들의 상당수가 10년 이상 한국에 체류하고 있어 초기 한국사회로의 적응 단계를 지나 통합 과정의 단계로 접어들고 있음
   - 결혼이민자 및 귀화자의 일반적 현황은 체류기간이 길어짐에 따라 다양한 양상으로 전개되고 있음

2. 결혼이민자들의 욕구

1) 언어 및 문화의 차이로 인한 적응 어려움

① 결혼이민자·귀화자에 대한 한국생활 적응에 대한 조사에서 언어문제(22.3%)와 생활방식, 관습, 음식 등의 문화차이로 인한 어려움(18.8%)을 호소하고 있는 것으로 나타났으며, 2015년 조사에 비해 언어문제는 낮아졌으나 문화차이는 높아지는 경향을 보이고 있으며, 구체적인 내용은 |그림 5-4|와 같다.

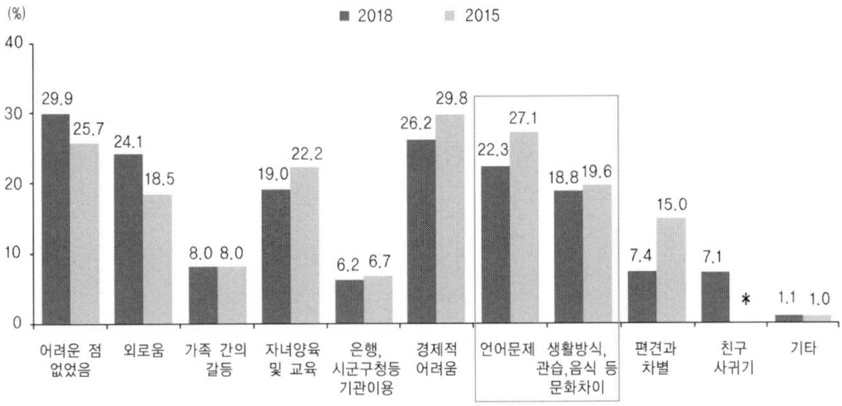

|그림 5-4| 결혼이민자·귀화자의 한국생활에서의 어려움

출처 : 여성가족부(2019). 2018년 전국다문화가족 실태조사 연구.

② 한국어를 전혀 할 줄 몰라 남편이나 시댁 식구와의 대화가 불가능한 상황이 되어, 자신의 말을 알아듣지 못한다며 배우자에게 화를 내거나 무시하는 발언을 해 상처를 받을 수 있다.

③ 자녀 양육에 필요한 정보를 공유할 수 있는 사회적 관계망 형성의 어려움이 존재한다.

④ 출신 국가에 따라 의사소통의 어려움 정도가 다르게 나타나는 경향이 있다.

⑤ 한국어를 할 수 있는 한국계 중국인이나 영어가 가능한 필리핀인의 경우 그 정도가 다른 출신국 여성들에 비해 상대적으로 심각성이 덜한 경우가 있다.

⑥ 가부장적이고 권위주위적인 한국인 남편의 태도는 남녀사이가 비교적 평등한 필리핀이나 동남아시아 국가의 여성들에게는 수용하기 어려운 문제가 될 수 있다.

⑦ 외국인에 대한 이해 부족으로 남편이나 시댁식구들이 가난한 나라에서 왔다는 이유만으로 아내나 며느리 나라의 문화에 관심을 둘 필요가 없다고 생각하거나 무조건 한국문화의 수용만 강요하는 경우가 있다.

⑧ 폭언과 폭행 등 상습적인 가정폭력으로 여성결혼이민자들은 신체적/ 정신적 피해를 입거나, 도망쳐 나오기도 하고, 극단적인 죽음에 이르는 사건이 발생하기도 한다.

2) 사회적 네트워크의 취약성

① 한국인들과 접촉할 기회는 있지만 대부분 모국인 친구들과 더 가깝고 편안한 관계를 유지하고 자국민 중심의 제한된 사회적 관계망에 의존하는 경향이 있다. 개인적 원인으로는 한국어와 한국에 대한 지식 부족으로 한국인과 사회적 관계 형성의 어려움이 존재하며, 국가적 원인으로는 단일민족의식으로 이질적인 것에 대한 배타적인 성향과, 우리보다 상대적으로 가난한 국가에서 온 결혼이민자에 대해 차별적인 성향이 존재하기 때문이다.

② 사회적 단절현상은 농촌보다 도시지역으로 갈수록 심하게 나타난다. 농촌의 경우 같은 출신국 여성들끼리 모이고 서로 의존하는 경향이 심해 지역사회에서 결혼이민자들이 고립되는 경향이 존재한다.

③ 남성결혼이민자의 경우 모국인보다는 한국인과 의논하는 경향이 높고, 여성보다는 남성이 좀 더 적극적인 성향을 보인다.

④ 도시지역일수록 지역주민모임의 참여가 저조한 경향도 나타난다.

⑤ 결혼 이민자·귀화자에 대한 사회적 관계에 대한 조사에서 '여가·취미 생활을 같이 할 사람'(40.7%), '몸이 아플 때 도움을 요청할 사람'(38.5%), '자녀교육 관련'(33.9%), '자신이나 집안의 어려움'(32.7%), '일자리 관련'(29.0%) 순으로 의논 상대가 없다고 응답하며 사회적 관계의 어려움을 호소하고 있으며, 구체적인 내용은 |그림 5-5|와 같다.

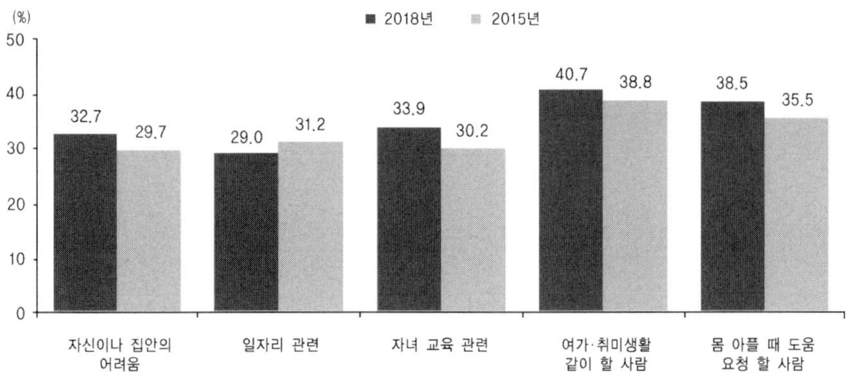

|그림 5-5| 결혼이민자·귀화자의 사회적 관계 없음 비율

출처 : 여성가족부(2019). 2018년 전국다문화가족 실태조사 연구.

3) 경제적 어려움과 취업의 욕구

① 결혼이민자・귀화자의 한국 생활적응에 대한 조사에서 단일요인으로는 가장 높게 '경제적인 어려움'(26.2%)을 가장 크게 호소하고 있다. 2015년 조사에서 보다 낮아지는 경향을 보이지만 여전히 높은 수준의 욕구를 보이고 있으며 구체적인 내용은 |그림 5-6|과 같다.

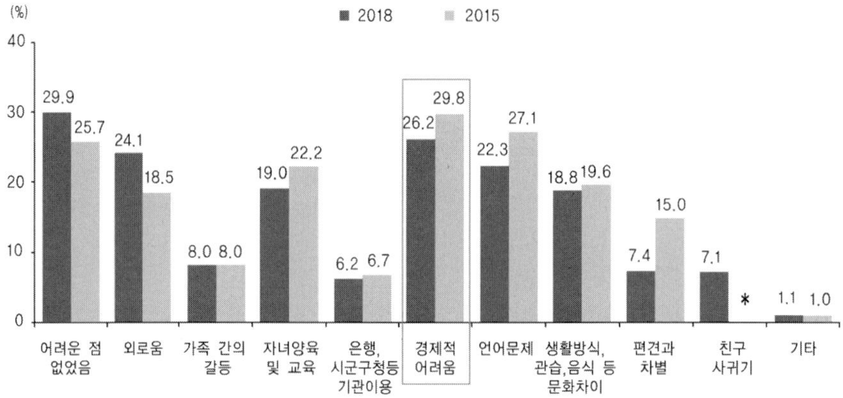

|그림 5-6| 결혼이민자・귀화자의 한국생활에서의 어려움

출처 : 여성가족부(2019). 2018년 전국다문화가족 실태조사 연구.

② 국제결혼을 선택한 남성들을 대부분 경제적으로 어렵거나 소득이 최저 생계비에 못 미치는 생활을 하고 있었기 때문에 이들과 결혼한 여성들도 열악한 경제상황에 놓이는 경우 많이 있다.

③ 여성결혼이민자들의 경제적 빈곤은 자칫 문화, 교육, 사회참여 등으로부터 배제되는 직접적 원인이 될 수도 있고, 결과적으로 한국의 이주민 정책이 목표로 하는 다문화가족의 사회통합의 결정적인 방해요소가 될 수 있다.

④ 여성 결혼이민자들이 취업에 있어 어려움을 겪는 이유는 개인적 차원에서는 의사소통의 문제, 자녀 양육 부담, 전문기식과 기술 부족 등이 있고, 제도적으로는 결혼이민자들의 전문성 육성, 안정적인 직장 취업을 돕는 직업교육프로그램이 부족하다. 이에 대한 개인적 및 제도적 보완 프로그램 개발과 지원이 필요하다.

⑤ 취업 중인 결혼이민자·귀화자의 임금수준을 보면, 월평균 150~200만 원 미만이 25.3%, 100~150만 원 미만이 22.3%로 47.6%가 100~200만 원의 임금을 받는 것으로 나타난다. 임금이 200~300만 원인 이들은 20.0%, 300만 원 이상인 이들은 8.9%이다. 임금이 100만 원 미만인 이들은 15.8%, 임금, 보수 없는 이들은 6.6%이다. 2015년과 비교하면 150만 원 미만 소득층은 감소한 데 비해, 150만 원 이상 소득층은 증가했는데 그 가운데 350만 원 이상 소득층의 증가폭은 미미한 수준이다. 취업형태는 대부분의 단순 노무직과 일용직 등 근로자로서 불안정하며 장기간 업무, 복지수준이 낮은 비정규직 분야에 집중되어 있다. 구체적인 임금 수준은 |그림 5-7|과 같다.

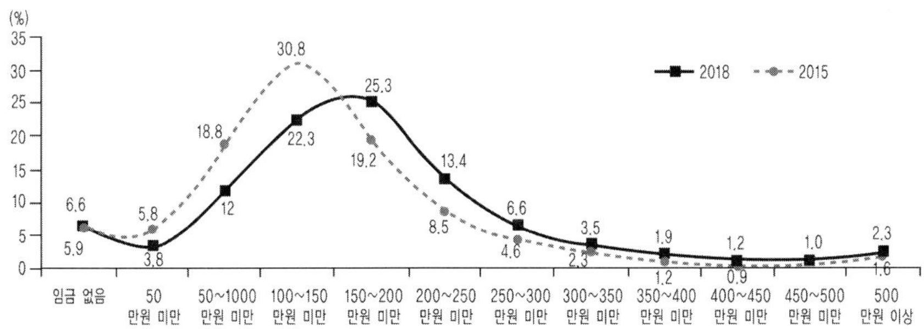

|그림 5-7| 결혼이민자 · 귀화자의 임금수준

출처 : 여성가족부(2019). 2018년 전국다문화가족 실태조사 연구.

4) 부부 관계와 의사결정

① 결혼이민자·귀화자 부부간 관계 만족 정도를 살펴본 결과 2018년 응답자의 80.4%가 긍정적인 답변을 하고 있으며, 2015년 조사에 비해 배우자와의 관계 만족도는 상당히 향상된 것으로 나타났으며, 구체적인 내용은 <표 5-5>와 같다.

〈표 5-5〉 연도별 결혼이민자·귀화자의 부부간 관계 만족도

(단위 : %)

구분	전혀 만족하지 않는다	별로 만족하지 않는다	보통이다	만족한다	매우 만족한다	합계	평균
2012	1.2	2.2	23.8	25.3	47.6	100.0	4.16
2015	1.0	4.2	28.2	28.7	37.9	100.0	3.98
2018	0.6	2.2	16.8	26.8	536	100.0	4.31

출처 : 여성가족부(2019). 2018년 전국다문화가족 실태조사 연구.

통계청 사회조사(2018)에 나타난 국민 일반의 부부간 관계만족도(3.96)와 비교해 볼 때도 높은 것으로 나타났으며 구체적인 내용은 |그림 5-8|과 같다.

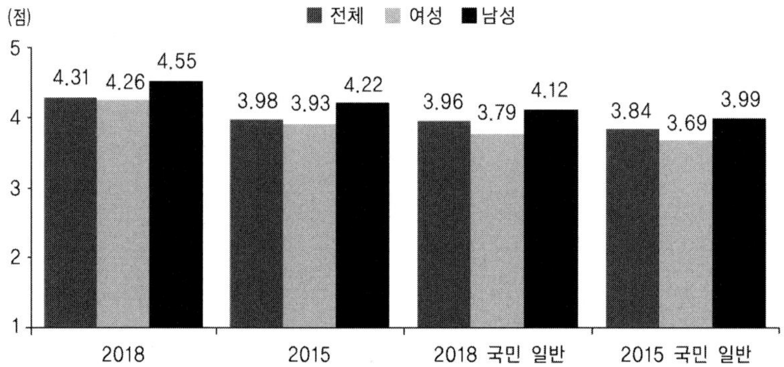

|그림 5-8| 국민 일반부부와 결혼이민자·귀화자 부부간 관계 만족

전혀 만족하지 않는다=1점, 별로 만족하지 않는다=2점
보통이다=3점, 대체로 만족한다=4점, 매우 만족한다=5점

출처 : 여성가족부(2019). 2018년 전국다문화가족 실태조사 연구.

5) 자녀 양육과 부모역할

① 결혼이민자·귀화자들의 가족생활에서 자녀와의 관계에 대한 만족도를 살펴본 결과 90%가 긍정적인 답변을 하고 있다. 2015년 조사에서와 같이 높은 수준의 만족도가 나타났으며 구체적인 내용은 <표 5-6>과 같다.

〈표 5-6〉 연도별 결혼이민자·귀화자의 자녀와의 관계 만족도

(단위 : %)

구분	전혀 만족하지 않는다	별로 만족하지 않는다	보통이다	만족한다	매우 만족한다	합계	평균
2012	0.8	1.4	14.7	19.2	64.0	100.0	4.44
2015	0.2	1.8	11.0	29.2	57.7	100.0	4.42
2018	0.1	1.1	8.8	34.7	55.3	100.0	4.44

출처 : 여성가족부(2019). 2018년 전국다문화가족 실태조사 연구.

성별에 따른 만족도를 살펴본 결과 남성(4.41)에 비해 여성(4.44)이 다소 높게 나타났으며, 2015년 조사에 비해 격차가 줄어든 것을 확인할 수 있으며, 구체적인 내용은 |그림 5-9|와 같다.

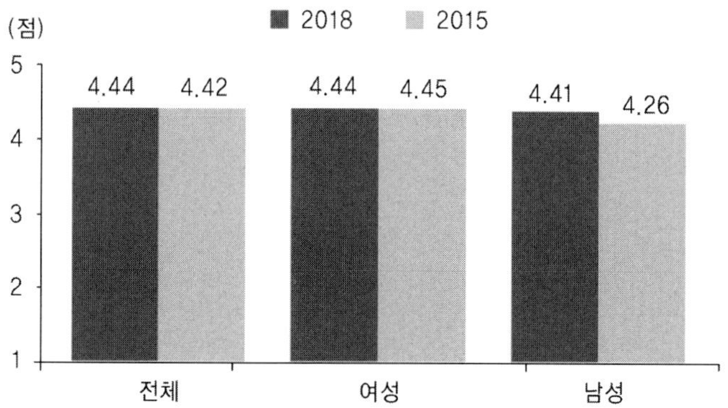

|그림 5-9| 결혼이민자·귀화자의 자녀와의 관계 만족

전혀 만족하지 않는다=1점, 별로 만족하지 않는다=2점, 보통이다=3점
대체로 만족한다=4점, 매우 만족한다=5점

출처 : 여성가족부(2019). 2018년 전국다문화가족 실태조사 연구.

정리하기

1. 결혼이민자의 욕구
   - 언어 및 문화의 차이로 인한 적응의 어려움으로 언어문제(22.3%)와 생활방식, 관습, 음식 등의 문화차이로 인한 어려움(18.8%)을 호소하며, 남편이나 시댁식구와 대화가 불가능하고 한국 사람들과의 관계 형성에 어려움을 가짐
   - 사회적 네트워크의 취약성으로 여가·취미생활을 같이 할 사람(40.7%), 몸이 아플 때 도움을 요청할 사람(38.5%), 자녀교육 관련(33.9%), 자신이나 집안의 어려움(32.7%), 일자리 관련(29.0%) 순으로 의논 상대가 없다고 응답하고 있어 사회적 관계의 어려움을 호소하고 있으며, 이는 개인적 원인과 국가적 원인이 복합적으로 나타난 결과로 보여짐
   - 경제적 어려움과 취업의 욕구로 단일요인으로는 가장 높게 나타났으며(26.2%), 혼 이후 의사소통의 문제와 자녀양육 부담 그리고 전문지식과 기술 부족 등으로 인해 취업에 어려움을 겪음
   - 부부 관계와 의사결정에서는 부부간 관계 만족 정도를 살펴본 결과 2018년 응답자의 80.4%가 긍정적인 응답을 하고 있음
   - 자녀 양육과 부모역할에서는 가족생활에서 자녀와의 관계에 대한 만족도를 살펴본 결과 90%가 긍정적인 응답을 하고 있음

3. 결혼이민자들의 욕구와 해결방안

1) 결혼이민자의 욕구

(1) 사회적 차별경험

결혼이민자·귀화자의 한국 생활적응에 대한 조사에서 편견과 차별은 7.4%로 2015년 조사 때보다 상당 수준 개선된 것으로 나타났으며 구체적인 내용은 |그림 5-10|과 같다. 하지만 이러한 개선에도 불구하고 여전히 우리 사회에는 편견과 차별이 존재함을 고려해야 한다.

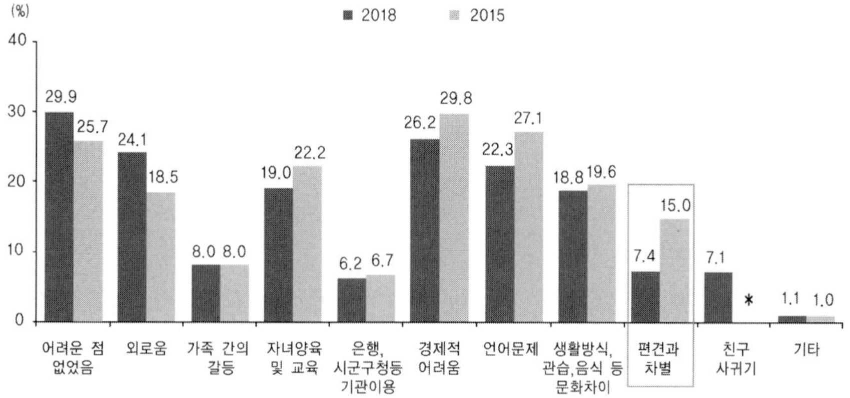

|그림 5-10| 결혼이민자 · 귀화자의 한국생활에서의 어려움

출처 : 여성가족부. 2018년 전국다문화가족 실태조사 연구.

여성 결혼이민자들은 대부분 한국 사람들이 자신들에 대해 부정적인 태도나 선입견을 가지고 있다고 생각을 할 수 있다. 이들에 대한 한국사회의 선입견은 실제 한국생활 적응에 장애물이 된다. '도망가는 아내'라는 결혼이민자들에 대한 부정적인 시선은 남편이나 시댁식구들이 더욱 이들을 불신하게 하는 요인으로 작용할 수도 있다. 이는 한국사회의 권위주위적인 성향이 결혼이민자들을 사회적으로 차별하는 주요 원인으로 작용하기 때문이다. 같은 외국인이라도 외모와 출신 국가에 따라 이들에 대한 한국사회의 대우가 상이할 수 있다.

한국 사람들 미국이나 중국 사람들은 좋아하고 배우고 싶어 하면서 왜 베트남에 대해서는 공부 안 해요? 제가 베트남 친구들이랑 길에서 베트남 말하면 무섭게 쳐다봐요. 전에는 어떤 학생이 우리 집에 베트남 사람 산다고 돌을 던졌어요. 왜 베트남 사람 싫어하는지 이해가 안가요. 어떨 때는 '내가 베트남에서 좋은 사람하고 결혼했으면 더 행복하고 이런 차별도 안 받았을 텐데…' 생각해요.

— 베트남 출신 21세, 인천 거주

---

(2) 결혼이민자들의 교육적 욕구

결혼이민자들이 한국사회에 적응하기 위해 한국어 교육은 물론 한국사회 이해교육, 자녀교육 등 다양한 사회적응을 위한 교육이 필요하다. 각 지역의 다문화가족지원센터를 중심으로 결혼이민자들을 위한 한국어교실, 한국문화 이해교육, 자녀교육 지원 등 다양한 프로그램이 진행되고 있으나 참여가 제한되고 효과가 제대로 발휘되지 못하고 있다. 교육프로그램 참여 경험이 없는 이유로는 운영주체에 따라 교육 내용 중복 및 형식적 운영, 거주기간, 가족생활주기 등 다양한 특성과 욕구를 반영한 프로그램 부재로 인한 홍보 부족 및 교육의 중복, 농어촌 지역의 경우 자가운전이나 대중교통 등 교통수단이 용이하지 않은 접근의 한계, 생업유지나 자녀양육 등으로 참여가 제한된다. 또한 가족들이 교육을 통해 외부환경을 자주 접하면서 나쁜 영향을 받게 되는 것을 우려하여 교육에 참여하는 것에 부정적인 경우가 발생하기도 한다.

2) 결혼이민자의 욕구 해결 방안

(1) 지속적인 욕구파악 및 제도적 지원방안 강구

결혼이민자들은 한국인과 결혼하여 한국에 영구적으로 정착하여 살아갈 다문화사회의 한국시민이지만 언어소통과 한국사회에 대한 이해부족으로 가족관계에서 어려움을 경험하고 있다. 또한 경제적 욕구가 높음에도 불구하고 취업의 높은 장벽을 경험하고, 특히 제한된 사회적 네트워크로 인해 한국사회 적응에 어려움을 경험하게 된다. 이는 한국사회의 계층적 관점에서의 차별과 배타적인 태도, 형식적이거나 중복적인 제도적 지원서비스에 기인하는 측면이 있다.

(2) 서비스의 다양화 및 확대

결혼이민자들을 대상으로 한 주요 프로그램은 대부분 한국어 교육이나 한국요리 강습, 전통문화체험과 같이 한국생활 적응과 문화적 이해를 목적으로

한 프로그램에 집중되어 있는 경향이 있다. 또한 사회적 네트워크 형성이나 복지서비스, 취업교육 및 일자리 알선과 같은 서비스들은 소수 서비스 기관에서만 제공하고 있는 실정이며, 특정 분야에 서비스가 치중되어 있는 경향이 있다.

(3) 취업 및 사회참여 확대

여성결혼이민자들의 소득이 불안정하여 빈곤층으로 전락할 위험성이 높은 점을 고려할 때 이들에게 적합한 취업지원 서비스 개발이 필요하다. 사회통합을 위해 결혼이민자들의 거주지역, 학력수준, 연령, 거주기간 등 다양한 수요에 부합하는 맞춤형 교육프로그램을 제공하는 노력을 기울여야 한다. 이를 통해 결혼이민자들이 자신의 사회적 네트워크를 확대시키고 보다 다양한 사회참여의 기회를 제공받아야 한국인들과의 활발한 교류 지원이 가능할 것이다. 결혼이민자와 그 가족들에 대한 사회적 편견을 없애고 한국사회의 일원으로 받아들이는 노력이 필요하다. 결혼이민자를 '불쌍한 여성', '돈을 목적으로 결혼한 여성' 등으로 표현한 대중매체 속의 부정적 이미지를 개선하고 학교교육이나 지역사회 인식개선 프로그램 등을 통해 '더 나은 삶을 위해 새롭게 도전하는 건강하고 강인한 사람들'로 인식시키는 제도적 노력이 함께 병행되어야 한다.

정리하기

1. 결혼이민자의 욕구
   - 가정폭력이나 불행한 결혼생활 또는 돈 때문에 한국인 남편과 결혼했을 것이라는 한국사회의 선입견, 한국사회의 권위적인 성향 등으로 결혼이민자들을 사회적으로 차별하는 주 원인임
   - 한국사회에 적응하기 위한 한국어 교육은 물론 한국사회 이해교육, 자녀 교육 등 다양한 사회적응을 위한 교육이 필요하나 여러 기관에서 운영되다 보니 내용이 중복되거나 형식적으로 운영되는 경우가 많음

2. 해결방안

여성결혼이민자들의 사회통합을 위해 거주지역, 학력수준, 연령, 거주기간 등다양한 수요에 부합하는 맞춤형 교육프로그램 제공 필요

- 결혼이민자에 대한 사회적 편견을 없애기 위한 인식개선 프로그램을 통해 '더 나은 삶을 위해 새로운 도전을 선택한 건강하고 강인한 사람들'로 인식시키는 제도적 노력 필요

CHAPTER 06

이주노동자와 다문화사회복지

1. 이주노동자의 개념과 현황

1) 이주노동자의 개념

(1) 개요

이주노동자들은 한국의 3D 산업현장에서 중요한 노동력을 제공하고 있다. 한국은 이들을 사회적 구성원으로 인정하기보다는 약속한 계약 기간이 끝나면 본국으로 돌아갈 외국인으로 인식하여 내국인과 동등한 법적/ 제도적 권리와 보호 제공에 차이가 있다. 이주노동자들은 인권보호의 사각지대에 놓여 노동현장에서 여러 가지 인권침해와 차별을 경험하고 있다.

(2) 명칭

이주노동자(migrant workers)는 외국인 노동자(foreign workers), 이민노동자(immigrant workers), 초빙노동자(guest workers), 단기노동자(temporary workers), 계약노동자(contract workers), 이방인노동자(alien workers), 출가노동자 등 다양한 명칭으로 불리고 있다. 일반적으로 '일정 기간 다른 나라에 가서 돈벌이를 하는 사람'으로서의 공통적 의미가 있으며, 우리나라에서는 이주노동자 또는 외국인노동자라는 명칭이 주로 사용되고 있다.

(3) 국제협약들의 이주노동자 정의

ILO 이주노동자 협약에서는 이주노동자를 '노동을 목적으로 다른 국가로 이주하는 노동자'로 정의하며, 국제이주노동자 또는 외국인이주노동자라는 명칭이 적절하다고 보고 있다. UN국제협약에서는 이주노동자를 자신의 국적국이 아닌 나라에서 유급활동에 종사할 예정이거나 종사하고 있거나 종사하러 온 사람들을 의미하며, 미등록 이주노동자도 포함하고 있어 광범위한 의미를 내포하고 있다. 유럽협약에서는 이주노동자를 '임금이 지급되는 고용을 취득하기 위하여 다른 가입국의 영역에 머물도록 허가를 받은 또는 다른 가입국의 국민'으로 정의한다. 우리나라의 「외국인 근로자의 고용 등에 관한 법률」에서는 이주노동자를 '대한민국 국적을 가지지 아니한 자로서 국내에 소재하고 있는 사업 또는 사업장에서 임금을 목적으로 근로를 제공하거나, 제공하려는 자'로 정의하여 등록외국인(합법취업자), 산업기술연수생, 미등록노동자(불법취업자)를 포함한다.

(4) 이주노동자 현황

연도별 취입자격 체류 외국인 현황을 실펴보면 2019년 기준 취업자격 외국인은 567,261명으로 전년 대비 27,730명이 감소되었으며, 연도별 현황은 <표 6-1>과 같다.

〈표 6-1〉 연도별 취업자격 외국인 현황

(단위 : 명)

구분	2015	2016	2017	2018	2019
전문인력	48,607	48,334	47,404	46,851	46,581
단순기능인력	576,522	549,449	534,076	548,140	520,680
계	625,129	597,783	581,480	594,991	567,261

출처 : 법무부 홈페이지. 출입국통계. 연도별 취업자격 외국인 현황.

① 이주노동자 유입 원인 및 과정

우리나라에 이주노동자가 유입되는 과정을 살펴보면 <표 6-2>와 같다.

〈표 6-2〉 이주노동자 유입 과정

구분	내용
1980년대 이전	• 우리나라는 해외에 인력을 송출하는 국가 • 1980년대 중반 이후 기업 인력난 및 이주노동자 증가로 외국인 노동력 수입국으로 전환 • 한국의 경제성장과 이로 인한 국내 노동시장의 임금상승과 출산율 저하 및 3D업종에서의 노동력 부족 등 사회적 현상의 영향
1992년	• 중소기업 인력난 완화를 위한 산업연수생제도 도입 • 노동자가 아닌 연수생(학생) 신분으로 산재보험 등 노동권 보장 및 처우 미흡
1995년	네팔 산업 연수생 13명의 명동성당 농성으로 근로기준법이 개선
2004년	• 고용허가제 도입으로 산업연수생 제도의 문제 보완이 시도됨 • 고용허가제 실시 이후 외국인 노동자 수가 급증하며 송출국가도 확대됨
2007년	산업연수생 폐지, 고용허가제로 통합, 3년간 이주노동자 지위와 권리를 보장

② 이주노동자 법적 지위

이주노동자들은 취업처의 성격과 직종에 따라 체류 기준을 명문화하고 있으며, 구체적인 내용은 <표 6-3>과 같다.

〈표 6-3〉 이주노동자의 법적 지위

구분	내용	비고
전문기술직 이주노동자 (E-1~E-7)	• 교수, 연구원, 엔지니어, 외국어 강사 등이며, 미국이나 캐나다, 일본 등 선진국 출신으로 한국인과 동등하거나 더 나은 노동조건을 갖추고 있음	
비전문취업 (E-9)	• 일반 이주노동자로 단순 기능직종 종사자 등이며, 고용허가제로 자국에서 국내 고용주와 근로계약 체결, 입국/ 취업/ 고용 절차에 제한, 체류기간 기본 3년(이후 1년 10개월 재고용을 통해 연장 가능)임	• 대부분 중국이나 동남아시아 국가 등의 저개발국 출신 • 국내에서 한국인이 기피하는 직종에 종사

방문취업 (H-2)	• 외국국적 동포 이주 노동자이며, E-9와 동일하게 3년 기본 체류기간+1년 10개월 연장 가능함 • 취업 허용 업종의 경우 E-9보다 더 허용(서비스업종도 허용, 사업장 변경도 가능) • 대부분 건설업과 서비스업 등 직종, 중국 국적이 가장 많음	• 근로현장이나 일상생활에서 여러 가지 이유로 차별과 배제가 존재함
미등록 이주노동자	• 체류기간 만료에도 귀국하지 않고 일하는 이주노동자 • 관광/ 방문 등으로 입국 후 체류기간 초과되었거나 체류기간 내 사업장 무단이탈, 밀입국 등 • 불법 체류자라는 이유로 악덕 고용주로부터 임금 체불, 언어폭력 등을 당하고 있으나 사회적 보호를 받지 못함	

정리하기

1. 이주노동자 개념

일정 기간 다른 나라에서 돈 벌이를 하는 사람으로, 우리나라에서는 이주노동자 또는 외국인 노동자로 주로 사용

– 국제협약들에 따라 이주 노동자의 정의가 조금 상이하지만, 국내법의 경우 「외국인근로자의 고용 등에 관한 법률」에 의거, 대한민국 국적을 가지지 아니한 자가 국내 소재 사업 또는 사업장에서 임금을 목적으로 근로제공, 제공하려는 자로 등록외국인, 산업기술연수생, 미등록 노동자를 포함한 개념임

2. 이주노동자 현황

– 이주노동자는 점점 증가하는 추세이며 전문인력보다는 비전문인력과 미등록 이주노동자가 더 많이 차지함

– 우리나라는 인력 송출국에서 1980년대 중반 이후부터 한국의 경제성장과 국내 노동시장의 임금상승과 3D업종에서 노동력 부족 등의 영향으로 이주노동자 수가 증가

– 1992년 산업연수생 제도, 2004년 고용허가제, 2007년 산업연수생 폐지 및 고용허가제로 통합됨

– 이주노동자의 법적 지위는 비자유형에 따라 전문직 이주노동자, 비취업 전문비자, 방문취업, 미등록 이주노동자로 구분

2. 이주노동자들의 욕구

1) 이주노동자의 욕구

(1) 개요

결혼이민자들과 달리 경제적 이유로 한국에 입국한 사람들로 한국사회에서 취업을 통해 돈을 모으고 체류기간이 끝나면 한국에 정착하지 않고 본국으로 돌아가는 이민자를 뜻한다. 고용허가제를 통해 입국하는 이주노동자들은 이 정책이 가진 한계로 인해 한국사회에서 한국인 노동자와 다른 법적지위를 가지게 되고 이로 인해 국내 법/ 제도로부터 배제되거나 인권의 사각지대에 놓여 있다. 이로 인해 이주노동자에 대한 인권침해나 차별 등과 같은 이슈가 중요하게 대두되고 있다.

(2) 노동권과 주거권 배제

고용허가제를 통해 한국에 입국한 이주노동자들 중 약 60% 정도가 본국에서 체결한 계약과 입국 후 근로조건(근로시간, 월급, 기숙사와 식사제공, 작업내용 등) 상이하다고 응답하고 있다. 현재의 고용허가제도는 이주노동자의 자유로운 사업장 이동을 제한하고 있기 때문에 고용주가 근로계약을 위반하더라도 이에 대한 불이익은 온전히 이주노동자의 몫이 될 수밖에 없는 상황이다. 여권 압수, 폭언, 폭행 등의 인권 침해가 발생하고 있다. 이주노동자의 노동권익(노동권 및 노동인권)은 국내법이 정하는 바에 따라 내국인과 동등하게 보장되며, 이주노동자도 근로기준법과 최저임금법, 산업안전보건법 등의 적용, 노동3권(단결권, 단체교섭권, 단체행동권)이 행사 가능하다. 하지만 현실에서는 내국인과 동등하게 노동3권을 누리지 못하며, 한국인 노동자보다 장시간 일하고 더 낮은 임금을 받고 있다. 장시간 노동, 안전사고 등 열악한 근로환경으로 한국인 보다 산재사고에 노출될 확률이 더 높다.

"비정규 이주노동자 60%, 근로계약서도 월급명세서도 없다."

경기도에서 일하는 비정규직 이주노동자 10명 가운데 6명은 근로계약서나 월급명세서도 없이 하루 9~12시간 일하는 것으로 나타났다. 경기도외국인인권지원센터는 30일 올해 1~10월 도내 비상시 고용 이주노동자 305명을 조사한 '경기도 이주노동자 파견노동 실태조사 보고서'를 펴냈다. 보고서를 보면 파견업체나 직업소개를 통해 취업한 응답자의 57.9%는 하루 9~12시간 이상 일하는 것으로 나타났다. … 중략

비정규 이주 노동자들은 한국에서 생활하는 데 언어불통(17.4%), 장시간 노동(13.2%), 내국인과의 차별(11.2%)을 힘든 점으로 꼽았다. 가장 필요한 일로는 고용안정(22.4%)과 언어지원(15.3%)을 꼽았다.

… 이하 생략

출처 : 한겨레신문(2020. 11. 30.).

원문 보기 : http://www.hani.co.kr/arti/area/capital/972174.

"비닐하우스는 집이 아니다… 대다수 이주노동자 그곳에 있다"

"한국 정부와 사장들이 이주노동자를 기계가 아니라 사람으로 생각했다면 전기도, 난방도 안 되는 비닐하우스에서 이주노동자가 목숨을 잃지 않았을 것입니다."

이주노동자 기숙사 산재사망사건 대책위원회가 28일 서울 종로구 청와대 앞에서 연 기자회견에서 우다야 라이 이주노동자노조 위원장은 이렇게 말했다. 앞서 지난 20일 캄보디아 국적 노동자 A(30)씨는 경기 포천의 비닐하우스 숙소에서 숨진 채 발견됐다.

대책위는 "1차 부검 결과 사인이 간경화라고 해서 정부와 지방자치단체, 사업주가 지병 문제로 축소시켜서는 안 된다"면서 "한파 경보 속에 난방도 되지 않는 비닐하우스에서 4년간 잠을 자며 고강도 노동을 이어 왔고 제때 치료조차도 받을 수 없었던 이유 등을 철저히 수사하고 대책 마련을 해야 한다"고 주장했다. … 이하 생략

출처 : 서울신문(2020. 12. 29.).

원문 보기 :
https://www.seoul.co.kr/news/newsView.php?id=20201229008021&wlog_tag3=naver

(3) 제도적으로 보호받지 못하는 미등록 이주노동자

미등록 이주노동자들의 인권침해는 그 수준이 가장 심각할 뿐만 아니라 '불법체류' 상태라는 이유로 법적으로도 보호를 받지 못하고 있다. 이주노동자들의 미등록화는 자발적인 선택보다는 '체류기간만료', '사업장 이탈', '사업장변경횟수 초과', '구직기간 초과', '구직신청기간 초과'와 같은 고용허가제의 구조적 결함으로 인한 원인들이 더 많은 것이 현실이다. 위법적인 중개 과정에서 발생하는 과도한 취업알선 수수료의 부담, 고용주에 의한 인권침해, 임금차별, 사업장 이동의 제한과 비현실적인 구직기간 제한 등의 구조적인 요인이 작용하고 있다. 실제로 체불임금에 대한 권리를 제한하거나 악용하는 사업주가 있어 임금체불 문제가 심각하고, 반인권적 합동 단속과 강제 추방 등의 정부의 과도한 단속 문제로 인해 사망자가 증가하고 있다.

"이주노동자 임금체불 1천억 원 육박…사업주 강력 처벌해야"

이주민 인권단체들이 이주노동자의 임금체불 등이 잇따르고 있지만 사업주 처벌이 솜방망이에 그치고 있다며 대책 마련을 촉구했다. 이주공동행동 · 외국인이주노동협의회 · 이주인권연대 등 이주민 인권단체 회원 20명은 28일 오전 대검찰청 앞에서 기자회견을 열어 "최근 미사용 연차수당과 퇴직금 등을 받지 못한 이주노동자가 근로기준법 위반으로 사업주를 고소했으나 법원은 증거불충분을 이유로 불기소 처분을 내렸다"며 "법원이 고용주의 진술에만 무게를 두며 면죄부를 줬다"고 주장했다.

이들은 "고용허가제로 비전문취업 비자(E-9)를 받아 일하는 이주노동자 26만 명이 지난해 신고한 임금 체불 금액은 972억 원에 이른다"며 "신고되지 않은 규모를 합하면 이를 크게 상회할 것"이라고 강조했다. … 이하 생략

출처 : 연합뉴스(2020. 7. 28.).

원문 보기 : https://www.yna.co.kr/view/AKR20200728049500371?input=1195m

---

"이주단체, 이주노동자 산재 예방책 마련 요구"

이주단체가 최근 경기도 평택의 물류센터에서 발생한 외국인 근로자 추락사고를 언급하며 노동자의 생명과 안전권을 보장할 것을 23일 촉구했다.

… 중략 …

이어 "특히 열악한 처지에서 일하는 외국인 근로자의 잇따른 사망 사건에 더욱 분노하지 않을 수 없다"며 "한 해 100명이 넘는 이주노동자가 근로 현장에서 사망했으며, 산재를 당하더라도 신고도 하지 못하고 보상도 받지 못한 사례들이 많다"고 강조했다.

이주단체에 따르면 산업재해로 사망한 이주노동자는 2016년 71명에서 2018년 136명으로 2배 가까이 늘었다.

출처 : 연합뉴스(2020. 12. 23.).

원문 보기 : https://www.yna.co.kr/view/AKR20201223078600371?input=1195m

정리하기

1. 이주노동자들의 욕구(1)

이주노동자들은 결혼이민자들과 달리 경제적 이유로 한국에 입국한 사람들로 한국사회에서 취업을 통해 돈을 모으고 체류기간이 끝나면 한국에 정착하지 않고 본국으로 돌아갈 것으로 인식되어 고용허가제를 통해 입국한 이주노동자들은 이 정책이 가진 한계로 인해 국내 법/ 제도로부터 배제되거나 인권의 사각지대에 놓임

- 노동권과 주거권 배제 : 고용허가제를 통해 입국한 이주노동자의 상당수는 본국에서 체결한 계약 조건이 상이하고, 사업장 이동 제한으로 고용주가 계약조건을 위반하더라도 그에 대한 불이익은 이주노동자의 몫임. 또한 이주노동자라도 하더라도 노동권을 보장받을 수 있으나 실제는 노동권은 물론 더 낮은 임금을 받고 주거에 있어서도 인권침해를 받고 있음
- 제도적 보호를 받지 못하는 미등록이주노동자 : 불법체류상태이므로 법적으로 보호를 전혀 받지 못함. 그러나 '미등록'화라는 것은 자발적인 선택보다는 고요허가제의 구조적 결함인 경우가 더 많음

3. 이주노동자들의 욕구와 해결방안

1) 이주노동자의 욕구

(1) 사회보험제도에 대한 정보 부족

합법체류(등록) 외국인은 한국인과 동일하게 4대 보험 가입 및 이주노동자 전용보험(출국만기보험, 보증보험, 귀국비용보험, 상해보험) 가입이 가능하다. 4대 보험의 경우 건강보험과 산재보험은 의무가입 대상이나 실제로 가입하지 않는 경우가 많은 상황이다. 오히려 이주노동자 본인이 사회보험료의 전액을 부담하는 사례도 많이 나타나고 있다. 이를 예방하기 위해서는 입국 전 계약단계에서 4대 보험과 이주노동자 전용보험제도 등에 대한 구체적인 정보를 이주노동자의 모국어로 설명하고 계약서 명시 등 제도적 혜택 확보 방안이 필요한 상황이다. 또한 미등록 외국인의 경우 인권 차원에서 기본적인 사회보장권을 보호해 주는 방안이 필요하다.

(2) 이주노동자의 자녀 문제

부모의 낮은 소득과 열악한 주거환경, 가정 내 자녀교육 지원 부족 등으로 또래 아동에 비해 기초 학습능력이 낮고, 비전문직 이주노동자에 대한 사회적 편견과 차별로 인해 한국사회 적응에 어려움을 경험하고 있다. 특히 미등록 노동자 자녀들은 부모가 '불법체류자'라는 이유로 고등학교까지 법적으로 교육을 보장하지만 다니기 어려운 실정이다. 실제로 우리나라의 경우 속인주의를 택하고 있어 이주노동자가 자녀를 낳아도 한국 국적 취득이 불가하며, 부모가 불법체류자이므로 자녀는 기본적인 교육을 받을 권리를 누리지 못하게 된다. 법적으로 미등록 이주노동자 자녀들도 초/ 중/ 고등학교까지 입학을 보장받지만 경제적 어려움과 신분 노출의 우려, 학교 측의 입학 거부 등으로 실제 많은 이주노동자 자녀들은 학교에 다니지 않고 있다. 또한 실제 주민등록증이 없어 일상생활의 어려움이 있다.

미등록 이주노동자 자녀의 취학 어려움

만약 출생신고를 하지 않아서 주민등록번호가 없이 한국에서 산다면?

- 신분을 확인할 수 없기 때문에 정상적인 생활이 어렵다.
- 보육서비스나 건강보험 등 각종 복지혜택을 받지 못한다.
- 교통카드 발급, 휴대폰 가입, 인터넷 등록, 은행 계좌 등 실제로 생활에 필요한 것들을 본인 명의로 신청할 수 없다.
- 학교 사이트에서 모든 과목을 공부할 수 있는 동영상 강의도 볼 수 없고, 문제도 풀 수 없다.

이주노동자의 자녀들은 언어능력 부족과 학교 부적응의 어려움을 겪고 있는데, 이는 한국어가 능숙하지 못한 외국인 부모의 영향, 한국어 교육을 받을 기회 부족 등이 원인이 된다. 학교 수업을 따라가는 데 어려움을 경험하고 친구관계나 학교생활에 소극적이게 되어 점차 학교생활에 흥미를 잃게 되고 장기적으로 결석 및 중도 포기 등이 발생할 수 있다. 한국어 수준과 학업성취를 고려하여 학년이 배정되므로 실제 나이보다 3~4살 아래 학년으로 배치되어 학교 부적응이 일어날 수 있다. 한국어 능력 외에도 나이에 따른 심신발달 정도를 고려하는 등 융통성 있는 기준을 적용하여 학년을 배정하는 것이 필요하다.

(3) 여성 이주노동자들의 성폭력 및 성희롱 문제

여성 이주노동자들은 저임금, 비숙련 직종에 종사하면서 외국인으로서 받는 차별 외에도 젠더 불평등에 따른 계층적/ 인종적/ 성적 차별의 어려움에 직면하고 있다. 남성 이주노동자에 비해 더 낮은 임금, 더 긴 노동시간을 강요받고 있고, 한국인 노동자는 물론 남성 이주노동자들의 성희롱 및 성폭행 등의 위협에 노출되어 있다. 미등록 여성 이주노동자들의 경우 피해를 입어도 법적인 보호조차 허락되지 않는 경우가 발생하고 신고를 할 경우 사건종결과 함께 강제출국 당하기 때문이다.

2) 이주노동자 문제 해결방안

(1) 이주노동자의 역할과 현실

이주노동자들은 한국인이 꺼리는 저임금, 비숙련 직종의 부족한 노동력을 제공하여 한국의 경제발전에 큰 도움이 되고 있다. 이주노동자 관련법상 이주노동자를 한국인 노동자와 차별 없이 동일하게 대우하는 노동권 보장을 명시하고 있다. 하지만 실제 노동현장에서는 내국인과 다른 차별대우 및 기본적인 권리가 보장되지 않고 있다. 이는 정주화 방지, 사업장 이동 제한 등을 적용하는 고용허가제의 한계가 원인으로 작용하고 있다.

(2) 대안

여성이주노동자들은 인종적/ 계층적 차별 외에도 젠더 불평등적인 노동환경을 개선하는 노력이 필요하다. '불법체류자'라는 낙인으로 법적 지원망에서 배제된 미등록이주노동자들은 불안과 긴장, 인권침해가 지속될 수밖에 없는 상황이다. 국적이나 체류자격을 논하기 전 우리와 함께 공존하며 살고 있는 사회구성원으로 인정하여 기본적인 인권 보장에 대한 논의가 필요한 상황이다.

정리하기

1. 이주노동자들의 욕구(2)
   - 사회보험제도에 대한 정부부족 : 합법적으로 체류중인 이주노동자들의 경우 한국인과 동일하게 4대 사회보험에 가입할 수 있고 이주노동자전용 보험에도 가입하도록 되어 있음
   - 그러나 특히 사회보험 중 건강보험과 산재보험은 고용주가 의무적으로 가입해야 하지만 실제 가입하지 않는 경우가 많거나 오히려 이주노동자 본인이 전액 부담하는 사례도 많음
   - 이주노동자의 자녀문제 : 부모의 낮은 소득과 열악한 주거환경, 가정 내 자녀교육지원 부족 등의 이유로 또래 아동에 비해 기초 학습능력이 낮고, 특히 비전문직 이주노동자에 대한 편견과 차별로 한국사회 적응에 어려움을 경험. 특히 미등록이주노동자 자녀들도 법적으로 초/ 중/ 고등학교까지 입학을 보장받지만

가족의 경제적 어려움과 신분노출 우려, 학교 측의 거부 등으로 학교에 다니지 않고 있는 경우가 많음

- 여성 이주노동자들의 성폭력 및 성희롱 문제 : 한국인 노동자는 물론 남성 이주노동자들의 성희롱 및 성폭행 등의 위험에 노출되어 있지만 보호받지 못함

2. 이주노동자의 문제해결방안

현재 고용허가제의 한계 검토, 특히 사업장 변경 사유 제한 조항을 완화 또는 철폐하는 등 이주노동자들의 노동환경 개선을 위한 적극적인 정책이 필요함

- 특히 여성이주노동자, 미등록이주노동자와 자녀 등은 기본적인 인권을 침해당하고 있는 것인 현실. 국적이나 체류 자격 등 논의 전 우리와 함께 살고 있는 사회 구성원으로서 기본적인 인권 보장 방법 검토가 필요함

CHAPTER 07

북한이탈주민과 다문화사회복지

1. 북한이탈주민의 개념과 현황

1) 북한이탈주민의 개념

(1) 개념

「북한이탈주민의 보호 및 정착지원에 관한 법률(이하 정착지원법)」 제2조 제1호(2008, 통일부)에 의거, 군사분계선 이북지역에 주소, 직계가족, 배우자, 직장 등을 두고 있는 사람으로서 북한을 벗어난 후 외국 국적을 취득하지 아니한 자로 규정하고 있다.

(2) 명칭의 변화

북한이탈주민의 명칭은 다양하게 변화되어 왔다. 1990년대 이전까지 귀순자, 귀순용사 등으로 불렸다. 1990년대부터 2004년까지 북한이탈주민, 탈북자 등으로 불렀다. 2005년부터 2008년에는 새터민(탈북자의 부정적 이미지에서 새로운 터전에서 삶의 희망을 가지고 사는 사람들로 변경)으로 불렸다. 현재는 탈북자, 북한이탈주민, 새터민 등 북한이탈주민의 경우 국내외에 거주하는 모든 북한 탈출 주민을 포함하여 기존 용어와 비교했을 때 탈이데올로기적 성격과 민족적 동포애를 담고 있는 용어를 사용하고 있다. 실제 언론기관 등에서는 통상 '탈북자'를 많이 사용하고 있다.

(3) 주요 발생 요인 및 특성

1980년대 말 시작된 북한 경제위기로 인한 식량난(경제난민)에서 비롯된 이주에서 현재는 생존권 보장, 생활력(자유) 향상, 범죄 후 도피 등 다양화되었다.

① 보호 여부에 따른 구분

가. 북한을 이탈하여 제3국에 체류하는 주민 중 보호의사 표시를 한 사람들

나. 한국에 입국하여 정착한 사람들

다. 보호의사 표시 자체가 어려운 사람들

라. 보호의사를 표시했으나 보호 부결 처분을 받은 사람들

⇒ 가, 나는 대한민국 국민으로서 법적 보호를 받지만, 다, 라는 체포 또는 강제송환 또는 난민이 된다.

② 북한을 이탈하여 제3국에 체류하는 주민들의 추세를 살펴보면, 가족단위 이탈주민의 중가로 여성과 청소년, 노인층의 비율이 증가하고 있으며, 중국 등 제 3국에 은신/ 체류하다가 국내로 입국하는 경우도 늘어나고 있다.

2) 북한이탈주민의 현황

(1) 북한이탈주민의 입국현황

1990년대 이후 본격적으로 입국하기 시작하였으며, 2007년 2월 1만 명, 2010년 11월 2만 명을 넘어섰다. 2005년 이후 지속적으로 증가하다 2012년 이후 감소 추세를 보이고 있다. 구체적인 내용은 |그림 7-1|과 같다.

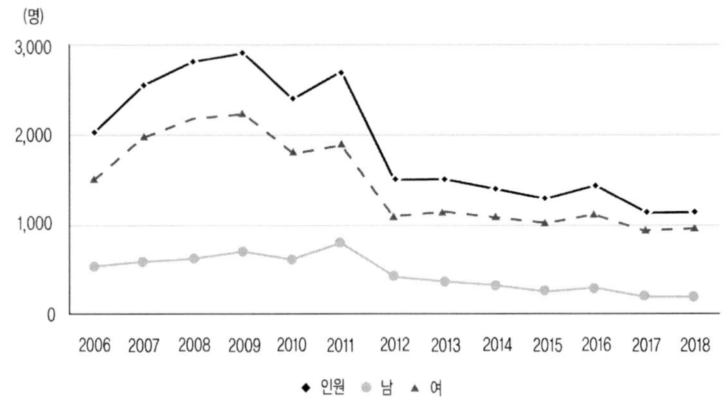

|그림 7-1| 연도별 북한이탈주민 입국현황

출처 : 통계청(2020). E-나라지표. 북한이탈주민 입국현황.

여성 입국비율은 2002년을 기점으로 남성을 추월하였으며, 여성 비율이 높아지고 있는 추세를 보이고 있다. 이는 북한에서 북한이탈주민에 대한 처벌이 여성의 경우 남성에 비해 상대적으로 덜 엄격한 점과 탈북과정에서 단순 노무직에 취업하거나 결혼생활 등을 통해 은신이나 도피가 유리하기 때문으로 보인다. 구체적인 현황은 <표 7-1>과 같다.

〈표 7-1〉 북한이탈주민 관련 추이

(단위 : 명, %)

구분	인원	남	여	여성비율
2007	2,554	573	1,981	77.56
2010	2,402	591	1,811	75.40
2013	1,514	369	1,145	75.63
2016	1,418	299	1,119	78.91
2017	1,127	188	939	83.32
2018	1,137	168	969	85.22

출처 : 통계청(2020). E-나라지표. 북한이탈주민 관련 추이.

1989년 이전 북한이탈주민의 유형은 20~29세 남자 군인으로 평안도와 황해도 출신이 다수를 차지하였으나, 이후 연령별/ 직업별 분포가 다양해졌으며, 여성 탈북자 수가 증가하였고 출신지도 함경북도가 가장 많아졌다. 이는 북한이탈주민의 탈북동기가 달라졌고 탈북경로가 변화되었다는 것을 의미한다.

(2) 탈북동기

주요 탈북동기로는 '식량이 부족해서'(23.5%), '북한의 감시·통제가 싫어서'(21.5%), '가족에게 더 나은 생활환경을 주려고'(11.1%) 등의 순으로 나타났으며, 구체적인 현황은 |그림 7-2|와 같다.

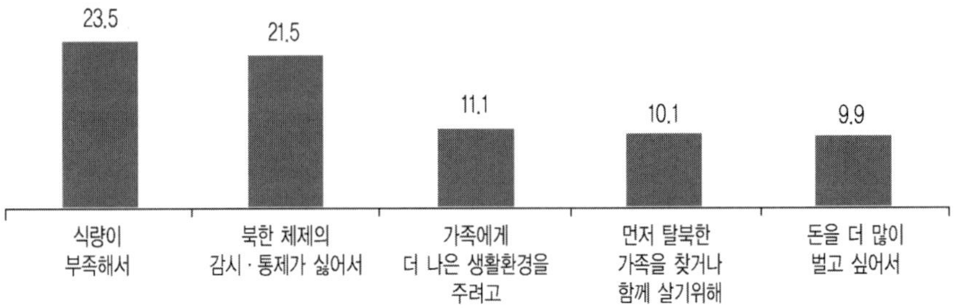

|그림 7-2| 탈북동기

출처 : 남북하나재단(2020). 2019 북한이탈주민 정착실태조사.

(3) 북한에서의 직업

북한에서의 직업은 '직업 있었음'이 63.1%, '직업 없었음'이 36.9%이며, 직업유형은 노동자 33.2%, 사무원 7.7%, 농장원 7.3% 순이었으며, 직업이 없었던 경우는 학생 19.0%, 주부 8.9%, 장사 4.9%의 순으로 나타났으며 구체적인 현황은 |그림 7-3|과 같다.

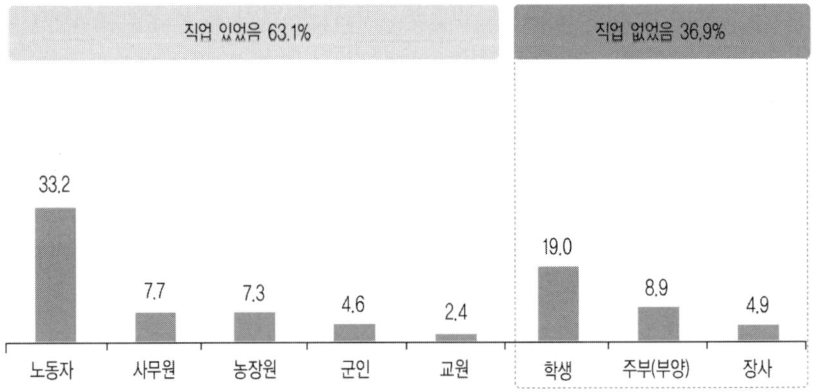

|그림 7-3| 북한에서의 직업 현황

출처 : 남북하나재단(2020). 2019 북한이탈주민 정착실태조사.

(4) 남한 생활 만족도

남한 생활에 대한 만족도를 살펴보면 '만족한다'가 74.2%로 나타났으며, 2018년 대비 만족한다는 1.7p% 높아졌다. 구체적인 내용은 |그림 7-4|와 같다.

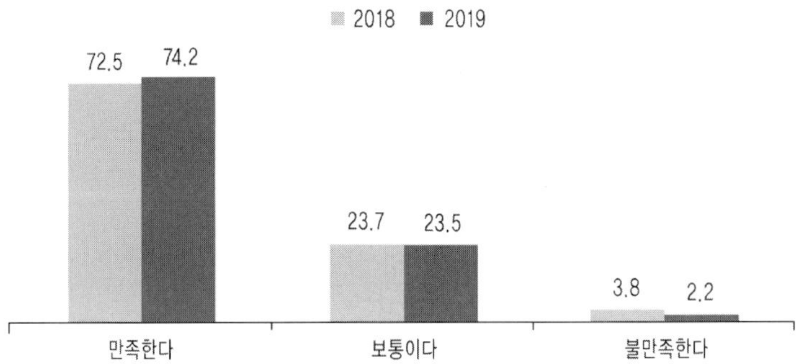

|그림 7-4| 남한 생활 만족도

출처 : 남북하나재단(2020). 2019 북한이탈주민 정착실태조사.

남한 생활에 만족하는 주된 이유는 '자유로운 삶을 살 수 있어서'가 30.5%, '내가 일한 만큼 소득을 얻을 수 있어서'가 25.2%, '북한보다 경제적 여유가 있어서' 21.9% 순으로 나타났으며, 2018년 대비 '자유로운 삶을 살 수 있어서'는 2.5p% 낮아지고, '내가 일한 만큼 소득을 얻을 수 있어서'는 1.5p% 높아졌다. 구체적인 내용은 |그림 7-5|와 같다.

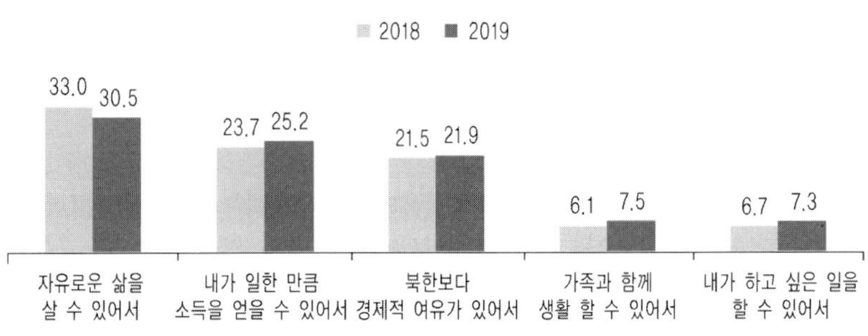

|그림 7-5| 남한 생활 만족 사유

출처 : 남북하나재단(2020). 2019 북한이탈주민 정착실태조사.

(5) 경제활동 상태

2019년 기준 북한이탈주민의 경제활동 참가율은 62.1%, 비경제 활동 비율은 37.9%, 고용률은 58.2%, 실업률은 6.3%이며, 2018년 대비 경제활동 참가율은 2.7p%, 고용률은 2.2p%, 실업률은 0.6p% 낮아지고, 비경제활동비율은 2.7p% 높아진 것으로 나타났다. 일반국민 대비 경제활동 참가율은 1.2p%, 고용률은 3.2p% 낮은 반면 비경제활동비율은 1.2p%, 실업률은 3.3p% 높게 나타났으며, 구체적인 현황은 |그림 7-6|과 같다.

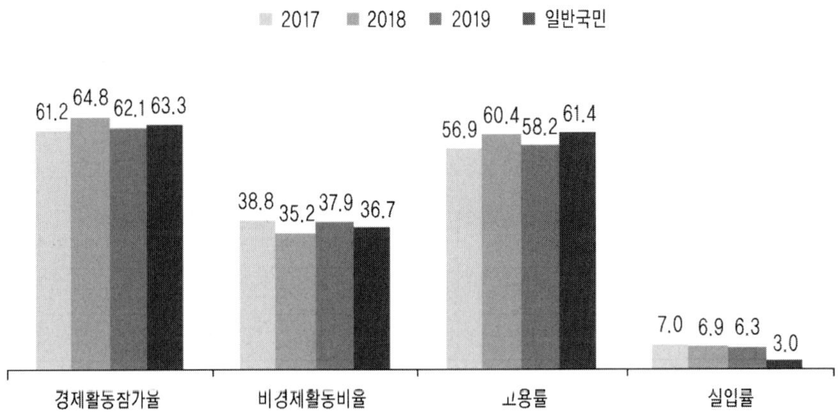

|그림 7-6| 주요 경제활동 지표 변화

출처 : 남북하나재단(2020). 2019 북한이탈주민 정착실태조사.

정리하기

1. 북한이탈주민의 개념
   - 북한이탈주민의 보호 및 정착지원에 관한 법률에 의거하면 '군사분계선 이북지역에 주소, 직계가족, 배우자, 직장 등을 두고 있는 사람으로서 북한을 벗어난 후 외국 국적을 취득하지 아니한 자'를 의미함
   - 귀순자, 귀순용사에서 북한이탈주민, 새터민을 거쳐 현재는 탈북자/ 북한이탈주민/ 새터민 등으로 불림
   - 북한이탈주민은 대한민국 사회에 들어온 경우는 물론이고 국외에서 체류하고 있는 경우까지 포함하는 개념임
2. 북한이탈주민의 현황
   - 입국현황을 살펴보면, 1990년대 이후 본격적으로 입국하기 시작하여 증가함
   - 북한에서의 직업경력이 무직이었거나 노동자이었던 비율이 높음
   - 남한 생활을 대체적으로 만족하고 있으며, 자유로운 삶과 경제적 여유가 주된 이유임

2. 북한이탈주민들의 욕구

1) 북한이탈주민의 지원정책

(1) 북한이탈주민 지원정책의 흐름

1997년 정착지원법을 제정하여, 북한이탈주민에 대한 다양한 지원정책을 지속적으로 추진하고 있다. 북한이탈주민의 입국 및 정착은 보호요청 및 국내이송, 국내입국, 조사 및 임시보호조치, 보호결정 하나원 정착준비, 거주지 보호, 민간참여의 과정을 거치며 구체적인 내용은 |그림 7-7|과 같다.

단계	내용
보호요청 및 국내이송	• 보호요청 시 외교부, 관계부처에 상황보고 및 전파 • 해외공관 또는 주재국 임시보호시설 수용 • 신원확인 후 주재국과 입국교섭 및 국내입국 지원
국내입국	
조사 및 임시보호 조치	• 입국 후 국정원이 보호결정 여부를 위한 조사 및 긴급한 치료 등 임시보호 조치 실시 • 조사 종료 후 사회적응교육시설인 하나원으로 이송
보호결정	• 북한이탈주민대책협의회의 심의를 거쳐 보호 여부 결정 • 보호결정 세대단위 결정
하나원 정착준비	• 사회적응교육(12주, 400시간) – 심리안정, 우리사회 이해 증진, 진로지도 상담, 기초 직업훈련 • 초기정착지원 : 가족관계 창설, 주거알선, 정착금·장려금 지원 등
거주지 진입	
거주지 보호(5년)	• 사회적 안전망 편입(생계·의료급여 지급) • 취업지원 : 고용지원금, 무료 직업훈련, 자격인정 등 • 교육지원 : 특례 편입학 및 등록금 지원 • 보호담당관 : 거주지·취업·신변보호 담당관 제도 운영
민간참여	• 북한이탈주민지원재단을 통한 종합서비스 제공 • 지역적응센터(전국 25곳) 지정·운영 • 정착도우미 제도 : 민간자원봉사자 연계 • 북한이탈주민 전문상담사 86명(정원기준) – 종합상담 및 애로사항 해결 등 찾아가는 상담서비스 제공

[그림 7-7] 북한이탈주민의 입국 및 정착 프로세스

출처 : 통일부(2020). 2020 북한이탈주민 정착 실무편람.

북한이탈주민 지원정책의 변천과정을 살펴보면, 1997~1999년까지는 기존의 귀순의 개념을 북한이탈로 대체하여 자립자활능력 배양에 초점을 두었고, 1999~2004년에는 교육지원 연령범위 확대 등 북한이탈주민의 생활안정 및 정착지원 강화에 초점을 두었다. 2004~2006년에는 정착금의 인센티브제, 임대주택 제공 확대, 정착도우미제도 도입하였으며, 2006~2008년에는 이혼특례조항신설, 자격인증제도 개선, 취업보호 기간을 확대하였으며, 2009년부터

는 해외장기체류자 보호 범위 확대, 지역적응교육, 청소년 학교 등 지원 근거를 마련하였다. 2010년부터는 북한이탈주민지원재단, 북한이탈주민 예비학교를 설립하여 취업지원 강화 방안을 마련하였고, 2013~2014년에는 북한이탈주민 자산형성 지원, 취업, 교육 등 실태조사를 통해 지원 근거를 마련하였다. 하나원(1999년 설립)에서 사회적응교육을 받아 지역사회 정착을 위해 준비하며, 2009년부터 북한이탈주민의 지역사회적응 지원을 위해 지역적응센터(하나센터)를 지정하여 지역맞춤형 적응교육을 집중 지원하였다. 2010년 북한이탈주민지원재단을 설립하여 하나원 이후의 북한이탈주민 정착지원을 총괄하는 임무를 부여하였다. 지방정부 차원에서는 경찰청의 신변보호 담당기관, 고용노동부 지방관서의 취업보호 담당기관, 지자체의 거주지 보호 담당기관을 지정하여 운영하고 있다. 이러한 지원정책을 구체화하기 위한 북한이탈주민 정착지원을 위한 체계는 |그림 7-8|과 같다.

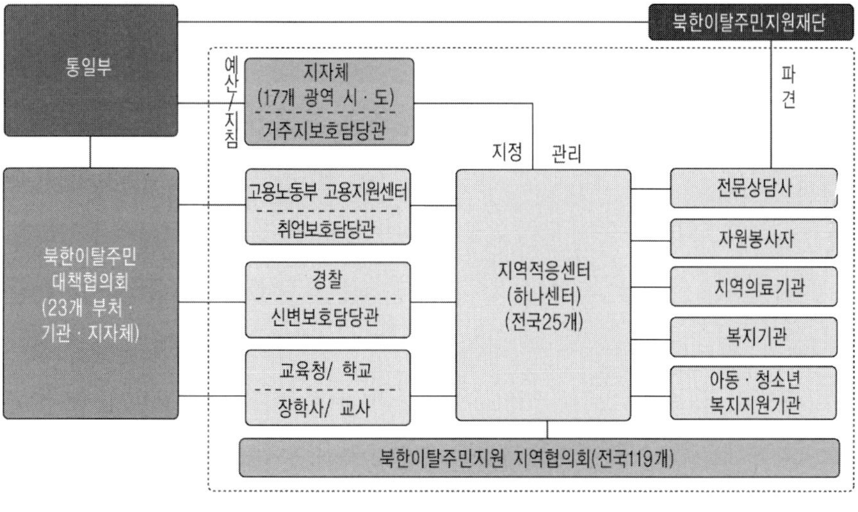

|그림 7-8| 북한이탈주민 정착지원체계

출처 : 통일부(2020). 2020 북한이탈주민 정착지원 실무편람.

다양한 지원정책에도 북한이탈주민의 적응 수준은 일반 국민에 비해 취약한 상황이라는 것이 일반적 평가이다. 북한이탈주민이 정착에 어려움을 겪는 이유는 남북한의 사회체제 차이 외 신체 및 정신건강상의 문제, 언어소통의 어려움, 경제적 자립능력의 부족, 개인 의지 부족 등을 들 수 있다. 정부의 북한이탈주민에 대한 정책 방향은 인도주의에 입각한 특별한 보호 및 지원을 통해 대한민국의 보호를 받으려는 북한이탈주민을 차별 없이 수용하여 우리 사회에 적응하는 데 필요한 각종 지원을 제공하고 있다. 또한 통일시대를 대비하여 역량 강화를 위한 실질적 통일 준비의 일환으로 인식하고 있으며, 통일시대 남북주민의 원활한 통합을 도모하는 것에 초점을 맞추고 있다.

2) 북한이탈주민의 사회적응 문제

북한이탈주민의 남한 생활에 대한 적응은 시기별, 문제별로 구분이 가능하다.

(1) 시기별 적응의 어려움

먼저 시기별 적응의 어려움을 살펴보면, 정착 1주일~3개월에는 하나원에서 퇴소하는 북한이탈주민이 정착하는 초기단계로 취업의 어려움, 구직 실패, 잦은 이직에 따른 피로감, 두고 온 가족에 대한 죄책감, 남한사람들의 편견, 문화적 차이에 따른 혼란, 남한자본주의 체제에 대한 이해 부족, 탈북과정의 심리적 외상 후유증 등의 어려움을 호소한다. 경제적 어려움(취업)을 가장 대표적으로 꼽고 있다. 정착 3개월~1년에는 직장생활을 통해 안정을 찾는 시기로 가족들과 연락이 시작되어 남한으로 초청을 위한 준비가 진행되며, 가족구성원 간의 갈등 및 관계 안에서 어려움이 드러나기 시작한다. 구체적으로는 가족단위 입국 증가에 따른 가족구성원 간 갈등, 북한, 중국에서의 결혼과 남한에서의 결혼에 따른 법적 문제, 다양한 가족유형에 따른 어려움, 청소년 자녀의 교육문제 등이 나타난다. 정착 1년 이후에는 어느 정도 정착이 이루어지고 지원기관(북한이탈주민지원센터, 하나센터 등)과 다소 소원해지는 시기로 자신만의 방식으로 생활 또는 적응하면서 제대로 이루어지지 않을 경우 다른 차원의 도움이 필요하게 된다. 구체적으로는 복지관, 정착도우미 등의 공식 도움 완료에 따른 독립적 적응 노력 과정에 따른 어려움이 나타난다.

(2) 문제별 적응의 어려움

북한이탈주민의 문제별 적응의 어려움을 살펴보면, '문화적 소통방식이 다르다는 점' 76.7%, '북한이탈주민의 존재에 대한 부정적 인식' 43.8%, '전문적 지식과 기술 등에 있어 남한 사람들에 비해 능력이 부족하다고 생각되어서' 22.9% 순으로 나타났다. 2018년 대비 '문화적 소통방식이 다르다는 점'에서는 6.8p%, '북한이탈주민의 존재에 대한 부정적 인식 때문'에는 0.9p% 높아지고, '전문적 지식과 기술 등에 있어 남한사람에 비해 능력이 부족하다고 생각되어서'는 1.0p% 낮아진 것으로 나타났으며, 구체적인 내용은 |그림 7-9|와 같다.

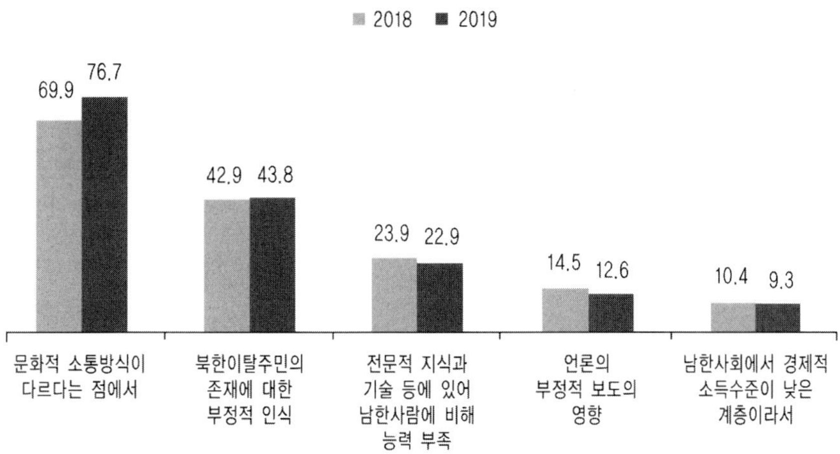

|그림 7-9| 남한 생활에서 차별/ 무시당한 이유(1+2순위, 단위 : %)

출처 : 남북하나재단(2020). 2019 북한이탈주민 사회통합조사.

정리하기

1. 북한이탈주민 지원정책

   입국 및 정착과정 : 보호요청 및 국내이송→합동조사→보호결정→하나원의 정착준비→거주지 보호

   - 2009년부터 북한이탈주민의 지역사회적응 지원을 위해 지역적응센터(하나센터)를 지정하여 지역맞춤형 적응교육을 집중 지원함
   - 2010년 북한이탈주민지원재단 설립, 하나원 이후의 북한이탈주민 정착지원을 총괄하는 임무 부여

2. 북한이탈주민의 문제와 욕구(2)

   - 적응의 어려움으로 정착 1주일~3개월에는 경제적 어려움, 즉 취업 문제가 가장 시급하였고, 3개월~1년에는 가족 구성원의 갈등 및 가족관계 안에서 어려움이 드러나게 되는 시기임
   - 1년 이후에는 복지관, 정착 도우미 등의 공식 도움 완료 이후 제대로 적응하지 못했을 경우 다른 차원의 도움의 필요성이 보이는 시기임
   - 남한 생활에서 차별/ 무시당한 이유는 문화적 소통방식이 다르다는 점, 북한이탈주민의 존재에 대한 부정적 인식, 전문적 지식과 기술 등에 있어 남한 사람들에 비해 능력이 부족 순으로 나타남

3. 북한이탈주민들의 욕구와 해결방안

1) 북한이탈주민의 욕구

북한이탈주민들이 정착과정에서 겪는 어려움은 다양한 형태로 나타난다. 여기에서는 경제적 측면에서의 취업과 교육적 측면에서 자녀양육에 대한 부분을 살펴본다.

(1) 취업 관련 욕구

북한이탈주민은 취업에 대한 욕구가 매우 높은 편이지만, 사회적으로 그들이 남한사회에서 인정받을 수 있는 학력을 지니고 있지 못하고, 기술적으로 업무 수행에 필요한 지식과 기능을 갖추고 있지 못한 것이 현실이다. 또한 남

북한 사람 간의 심리적 거리감으로 취업 및 창업에 어려움이 존재한다. 북한이탈주민의 더 나은 남한 생활을 위한 지원 프로그램의 욕구를 살펴본 결과 '취 · 창업 지원' 27.8%, '의료지원' 17.4%, '교육지원' 13.7%, '소득지원' 11.8%, '주택문제 관련 지원' 10.2%의 순으로 나타났으며, 구체적인 현황은 |그림 7-10|과 같다.

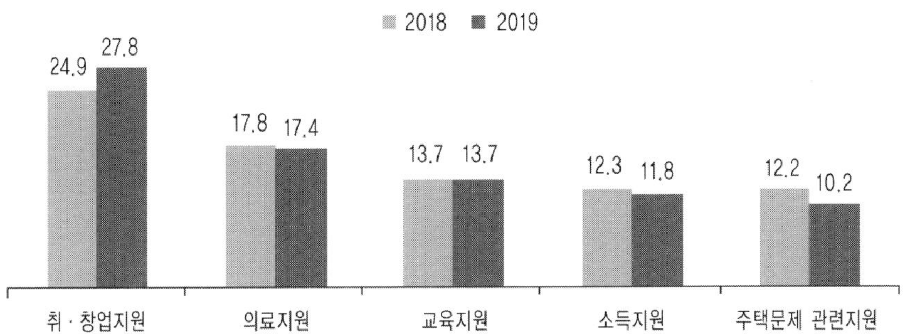

|그림 7-10| 더 나은 남한 생활을 위해 필요한 지원

출처 : 통일부(2020). 2019 북한이탈주민 정착실태조사.

20~30대는 구직활동이 활발한 시기이므로 취업에 대한 필요가 가장 높은 것이 맞지만, 40대에서도 취업지원 수요가 가장 높게 나타난 것은 북한이탈주민의 취업기간이 짧고 이직 비율이 상대적으로 높기 때문으로 분석할 수 있다. 40~50대에 생계에 대한 지원이 높게 나타난 것은 구직 이후에도 경제적인 생활환경이 나아지지 않았음을 보여준다.

의료지원의 경우 거주 기간이 길어질수록 이에 대한 욕구가 높은 것으로 나타나 북한이탈주민을 위한 지속적인 의료지원 체계가 필요함을 시사하고 있다. 북한이탈주민들에게 가장 중요한 과제는 안정된 직장과 적정 수준의 소득을 유지하여 경제적 불안정을 해결하는 것이다.

북한이탈주민들은 정착지원금을 받지만 대부분 탈북 당시 도움을 받은 브로커 비용이나 생계비로 써버리고 북한에서의 생활보다는 낫지만 상대적 빈곤을 느껴 쉽게 좌절하는 경향이 있다. 경제적 정착 지원에도 불구하고 국민기초생활수급비(생계비) 의존비율은 여전히 높게 나타나는 것이 현실이다. 안정적인 직업을 구하는 것이 가장 중요한 과제이지만 대한민국에서 직장생활을 할 수 있는 기본적인 조건이 불충분하다.

(2) 자녀교육의 욕구

정착 이후 경제적 어려움은 자녀교육의 어려움과 관련되어 있으며, 자녀양육 시 필요한 비용과 함께 충분히 학습적 지원을 하지 못하는 형편이다. 학업적응의 어려움, 배우지 않았던 낯선 과목, 부모의 잦은 이직으로 인한 전학 등에 어려움을 겪는다. 탈북과정에서 정상적인 교육을 받지 못해 연령에 맞는 학년으로 진학하지 못해 자신보다 어린 학생들과 교육을 받으며 적응의 문제가 발생하기도 한다. 탈북청소년의 학업중단율은 감소 추세이지만 일부 탈북청소년은 학력 결손, 언어, 문화적 차이 등으로 인해 학교 적응에 곤란한 점을 느끼고 있다. 연도별 학업중단률 현황은 <표 7-2>와 같다. 탈북청소년의 가장 어려운 점으로 학교 수업 따라가기(21.3%), 친구 사귀기(6.6%), 남한 문화 적응(3.0%) 순으로 응답하였으며, 탈북청소년의 학교생활에서 가장 어려운 점으로는 책의 내용을 이해하는 것이 어려움(13.6%), 숙제나 과제를 하는 것이 어려움(10.8%), 선생님께서 말하는 내용을 알아듣기 어려움(8.1%) 순으로 응답하였다(2018년도 탈북청소년 실태조사).

〈표 7-2〉 탈북청소년 학업초중고 학업중단률

(단위 : %)

구분	2012	2013	2014	2015	2016	2017	2018	2019	일반 학생
초·중·고 중단율	3.3	3.46	2.5	2.2	2.1	2.0	2.5	3.0	0.9 (2019)

출처 : 통일부(2020). 2020 북한이탈주민 정착지원 실무편람.

2) 북한이탈주민의 문제 해결의 시작

(1) 북한이탈주민들을 바라보는 우리의 시각

북한이탈주민은 이주노동자나 결혼이민자와는 달리 남북한이라는 정치적 관계 속에서 나타나는 편견과 부정적 태도로 인한 심리적응상의 어려움이 존재하고 있다. 적응 정책에 있어서도 문제의 원인을 북한이탈주민의 개인적 속성으로 보려는 경향이 존재한다. 이는 자본주의 사회에 적합한 인성 결여, 자립/ 자활의지 부족 학력 및 직업기술, 체력 등 부족 등의 요인으로 발전하게 된다. 일반국민들은 북한이탈주민을 친근하게 느끼지는 못하는 것으로 파악되었으며, 일부는 탈북민 지원에 대한 부정적 인식도 표출하고 있다. 구체적인 현황은 |그림 7-11|과 같다. 실제로 2019년 서울대 통일평화연구원 통일의식조사 결과 한국에 들어오기 원하는 '탈북민을 모두 받아들여야 한다'고 응답한 비율은 34.1%에 불과하다. 한편, '북한이탈주민을 더 많이 지원해야 한다'는 인식에 동의하는 비율은 36.2% (매우 동의함 및 다소 동의함)으로 감소 추세에 있다.

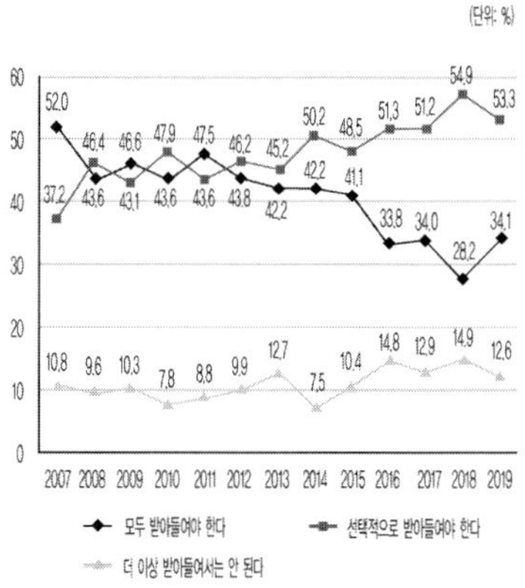

"원하는 탈북민을 모두 받아들여야 한다"
(2007년 52.0% → 2019년 34.2%)

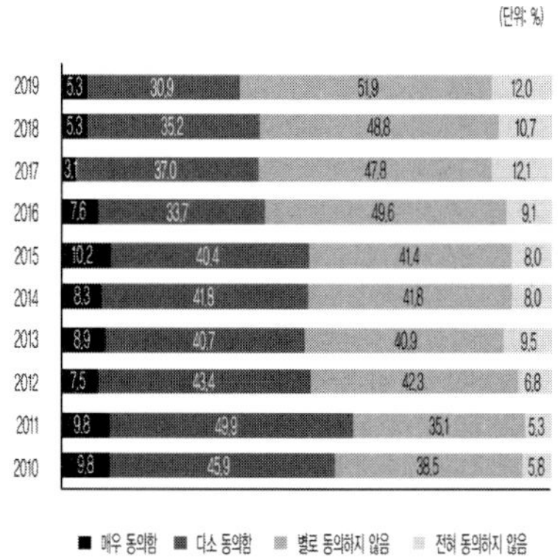

"탈북민을 더 많이 지원해야 한다"
(2011년 59.7% → 2019년 36.2%)

|그림 7-11| 더 나은 남한 생활을 위해 필요한 지원

출처 : 통일부(2020). 2020 북한이탈주민 정착지원 실무편람.

북한이탈주민에 대한 우리의 시각은 병리관점에서 강점관점으로 변화시켜, 북한이탈주민의 능력을 토대로 스스로 자립할 수 있도록 지원하는 방안을 적극 모색하는 노력이 필요하다. 탈북의 의미를 긍정적으로 재해석하고 그 과정에서 성취했던 역량으로 대한민국에서의 새로운 역할을 구축할 필요성이 제기된다.

정리하기

1. 북한이탈주민의 욕구(2)
   - 경제적 영역과 관련된 취업과 생계에 대한 국가의 지원을 필요로 함. 정착지원금을 받는다고 하더라도 탈북 브로커 비용으로 사용하거나 상대적 빈곤감으로 인해 쉽게 좌절하는 경향이 있음
   - 자녀교육에 있어서도 경제적 어려움과 함께 학업 적응의 어려움으로 중도탈락이 발생하므로 진학률이 낮게 나타남
2. 북한이탈주민의 문제해결
   - 적응정책에서도 문제의 원인을 개인적인 속성으로 본다면 북한이탈주민은 심리적 무력감에 빠질 것임
   - 병리적 관점에서 강점 관점으로 바꾸어서 스스로 자립할 수 있도록 지원하고, 탈북의 의미를 긍정적으로 재해석하는 것이 필요함

제 3 부

다문화 관련 정책과 법

CHAPTER

08 우리나라의 다문화정책

우리나라는 1990년대 초부터 등장하기 시작한 이주노동자, 결혼이주민, 북한이탈주민 등이 급속하게 증가하기 시작하였고, 그에 따라 우리나라의 다문화 정책도 발전하기 시작하면서 현재는 다문화가족 정책과 재한외국인 정책으로 접근하고 있다.

다문화가족 정책	• 결혼이주민 또는 귀화한국인이 대한민국 국적을 취득한 자와 가족 관계를 맺고 있는 경우로 제한된 정책 • 이주노동자, 유학생, 난민, 화교, 북한이탈주민 등은 포함되지 않음
재한외국인 정책	• 대한민국에 거주할 목적으로 합법적으로 체류하는 외국인이 국내에서 살아가는 데 필요한 제반 환경 조성을 목적으로 하는 정책 • 이주노동자 배제

1. 한국의 다문화정책의 전개

우리나라 외국인 정책은 건국 이후 현 정부에 이르기까지 이루어지고 있는데 정부수립 당시 외국인의 출입국과 등록 업무는 외무부의 전과에서 관장하였으며, 1961년 출입국 관리 업무를 법무부로 이관하면서 본격적으로 시작되었다. 1988년 올림픽을 계기로 출입국관리 행정조직과 인원이 개편되는 한편 중국동포와 외국인이 유입되면서 불법취업문제가 새로운 사회문제로 대두되었다.

김영삼 정부의 다문화 정책으로는 경제성장에 따른 외국인 노동 인력을 위한 해외투자업체의 현지 고용 인력의 유입을 내용으로 하는 '해외투자업체연

수 제도'와 해외투자업체 연수제도의 추천단체에 의한 '산업기술연수생 제도' 등이 있다. 이러한 제도들은 국내 기업의 인력난을 해결하기도 했으나 불법체류자 문제가 등장하였으며, 외국인 노동자에 대한 차별적 배제 정책으로 외국인노동자를 한국사회로 통합하고자 하는 정책과는 거리가 멀다.

김대중 정부는 외환위기를 극복하기 위해 국내 노동 시장을 활성화하고자 하였다. 이에 불법으로 취업한 외국인을 내국인으로 대체하는 정책을 수립하였는데 전문인력은 적극적으로 활용하였으나 단순인력의 유입은 최소화하고 이들의 정착을 방지하고자 하는 폐쇄적인 정책이라고 할 수 있다.

노무현 정부에서는 경제구조의 변화로 외국인 노동인력의 비중이 확대되고 결혼이주자가 증가하면서 그동안의 통제와 관리 중심에서 외국인의 처우개선 및 인권옹호에 중점을 둔 사회통합정책을 시행하였다. 결혼이주로 인한 다문화가족에 대한 국가의 적극적인 개입을 통해 사회적응을 돕고 사회통합을 이루고자 하였으며, 전반적인 외국인 관리 및 이민정책을 법무부에서 총괄하도록 하고 지원영역별로 소관부처를 두어 대책을 논의하도록 하였다. 국내 이주노동자 시장을 활성화하고자 하였으나 법안의 취지가 보편적이고 개방성이 높지 않으며 대상을 우리 문화에 적응시키려는 경향이 한계점으로 지적되었다.

이명박 정부의 다문화 정책은 참여정부의 정책모형을 유지하면서 정부가 주도적으로 대안을 마련하고자 하였다. 외국인노동자나 다문화가족을 사회구성원으로 수용하는 인식이 확대되어 다문화가족지원법 등의 법 제도가 활발하게 정비되고 적용된 시기라고 할 수 있다. 다문화와 관련하여 주관부처로 여성가족부, 법무부, 고용노동부, 행정안전부, 경찰청, 교육부, 보건복지부, 국토교통부 등 다수를 두어 다양한 서비스 확충을 제고하였지만 서비스 지원이 분산되고 이에 대한 책임소재가 분명하지 않으며, 협력이 미흡한 등의 문제가 존재하였다. 이들 노무현, 이명박 정부에서 제1차 외국인 정책 기본계획(2010~2012년)을 확정하여 시행되었다.

정리하기

1. 우리나라의 다문화정책의 전개
   - 김영삼 정부는 경제성장으로 인한 외국인 노동인력 필요로 인해 차별/ 배제적 정책을 시행하였음
   - 김대중 정부는 IMF 외환위기로 외국인 유입 조정을 통해 다소 완화된 차별/ 배제적 정책을 시행하였음
   - 노무현 정부는 경제구조 변화로 외국인 노동 인력의 비중 확대로 편견감소/ 사회구성원으로 수용하는 등 사회통합정책을 시행하였음
   - 이명박 정부는 외국인 노동인력의 가치 절대화로 사회구성원으로 수용하는 법/ 제도 정비와 적용을 시행하였음

2. 다문화정책 기본계획

우리나라에서 추진하고 있는 다문화 정책을 대상에 따라 분류하면, 재한외국인처우 기본법, 지방자치단체 외국인 주민 관련 조례 등을 기초로 추진되는 외국인정책과 다문화가족지원법을 기초로 추진되는 다문화가족 지원정책으로 구분되고 있다.

1) 외국인(주민)정책

외국인정책이란 대한민국으로 이주하고자 하는 외국인과 그 자녀 등에 대해 영구적 또는 일시적 사회구성원 자격을 부여하거나, 국내에서 살아가는 데 필요한 제반 환경조성에 관한 사항을 종합적인 관점에서 다루는 정책이다.

2007년 7월 제정된 재한외국인 처우 기본법에 따라 법무부가 주관하여 2008년부터 2012년까지 '제1차 외국인정책 기본계획', 2013년부터 2017년까지 '제2차 외국인정책 기본계획'이 수립 · 시행되었으며, 현재는 '제3차 외국인정책 기본계획'이 수립되어 실현되고 있다.

(1) 1, 2차 외국인정책과 추진상의 한계

제1차 외국인정책 (2010~2012)	비전	외국인과 함께 하는 세계인류
	목표	적극적인 이민 허용을 통한 국가경쟁력 강화
		질 높은 사회통합
		질서 있는 이민행정 구현
		외국인 인권 옹호
제2차 외국인정책 (2013~2017)	비전	세계인과 더불어 성장하는 활기찬 대한민국
	목표	경제활성화 지원과 인재유치
		대한민국의 공동가치가 존중되는 사회통합
		차별방지와 문화다양성 존중
		국민과 외국인이 안전한 사회구현
		국제사회와의 공동발전

- 우수 외국인재 유치 미흡 및 단순 기능 인력의 장기 거주 진행
- 외국인 유입 증가에 따른 국민 일자리 침해 우려
- 결혼이민자 위주의 정책으로 그 외의 재한외국인 지원과의 형평성 문제 제기
- 외국인 인권보호를 위한 구체적 실행체계 부족
- 이민자 증가 등에 따른 사회불안 요인에 대한 체계적 대비 부족
- 이민정책 관련 위원회 및 중앙·지자체·민간 협력 부족

(2) 제3차(2018~2022년) 외국인정책 기본계획

〈표 8-1〉 제3차 외국인정책 기본계획(법무부)

비전	국민 공감! 인권과 다양성이 존중되는 안전한 대한민국
정책 목표	중점 과제
1. 국민이 공감하는 질서 있는 개방	1. 우수인재 유치 및 성장지원 강화 2. 성장동력 확보를 위한 취업이민자 유치·활용 3. 관광객 및 투자자 등 유치를 통한 경제 활성화 4. 유입 체계 고도화 및 체류·국적 제도 개선
2. 이민자의 자립과 참여로 통합되는 사회	1. 이민단계별 정착 지원 및 사회통합 촉진 2. 이민배경 자녀 역량 강화 3. 이민자 사회통합을 위한 복지지원 내실화 4. 이민자의 지역사회 참여 확대
3. 국민과 이민자가 함께 만들어 가는 안전한 사회	1. 안전하고 신속한 국경관리 체계 구축 2. 체류외국인 관리 체계 선진화
4. 인권과 다양성이 존중되는 정의로운 사회	1. 이민자 인권보호 체계 강화 2. 여성·아동 등 취약 이민자 인권증진 3. 문화다양성 증진 및 수용성 제고 4. 동포와 함께 공존·발전하는 환경 조성 5. 국제사회가 공감하는 선진 난민정책 추진
5. 협력에 바탕한 미래 지향적 거버넌스	1. 이민관련 국제협력 증진 2. 중앙부처·지자체·시민사회 협력 강화 3. 이민정책 및 연구기반 구축

2) 다문화가족정책 기본계획

다문화가족정책 기본계획은 2008년 제정된 다문화가족지원법에 근거하여 5년마다 여성가족부장관이 수립하며, 결혼이민자 등이 한국생활에 안정적으로 정착·생활할 수 있도록 다문화가족 지원을 위한 정책추진체계를 구축하고 관계부처가 합동 기본계획을 수립하여 추진하고 있다. 기본 방향, 제도개선, 재원확보, 배분 등에 관한 사항을 포함하며 2010년부터 총 3차례에 걸쳐 수립하였고 현재는 제3차 다문화가족정책 기본계획이 수립되어 실현되고 있다.

(1) 다문화정책 기본계획 수립내역

구분	제1차 기본계획 (2010~2012년)	제2차 기본계획 (2013~2017년)	제3차 기본계획 (2018~2022년)
비전	열린 다문화사회로 성숙한 세계국가 구현	활기찬 다문화가족, 함께하는 사회	참여와 공존의 열린 다문화사회
목표	• 다문화가족의 삶의 질 향상 및 안정적인 정착지원 • 다문화가족 자녀에 대한 지원강화 및 글로벌인재 육성	• 사회발전 동력으로서의 다문화가족 역량강화 • 다양성이 존중되는 다문화사회 구현	• 모두가 존중받는 차별없는 다문화사회 구현 • 다문화가족의 사회경제적 참여확대 • 다문화가족 자녀의 건강한 성장 도모
주요 정책 과제	(5대 영역 61개 세부과제) • 국제결혼중개관리 및 입국 전 검증시스템 강화 • 결혼이민자 정착 지원 및 자립역량 강화 • 다문화에 대한 사회적 이해 제고 • 다문화가족 자녀의 건강한 성장환경 조성	(6대 영역 86개 세부과제) • 안정적인 가족생활기반 구축 • 결혼이민자의 사회경제적 진출 확대 • 다양한 문화가 있는 다문화가족 구현 • 다문화가족에 대한 수용성 제고 • 다문화가족 자녀의 성장과 발달 지원	(5대 영역 70개 세부과제) • 다문화가족 장기정착 지원 • 결혼이민자의 다양한 사회참여 확대 • 다문화가족 자녀의 안정적 성장지원과 역량 강화 • 상호존중에 기반한 다문화수용성 제고

(2) 제3차 다문화가족정책 기본계획 수립환경

① 다문화가족의 증가

다문화가족은 33만 가구(가구원 101만 명)로 전체 가구대비 1.7%(가구원 2%)를 차지하며, 국제결혼 증가로 다문화가족이 증가되고 있다.

② 다문화가족 자녀의 규모와 특성

다문화가족 자녀 수는 2018년 23.7만 명으로 2010년 12.1만 명에 비해 크게 증가하였다. 또한 자녀의 본격적인 청소년기가 시작되는 학령기 자녀 비율이 2015년 30.7%에서 2018년에는 45.8%로 증가하고 있으며 전체 학생대비 다문화학생 비중도 지속적으로 증가(2010년 0.44%, 2019년 2.5%)하고 있다.

③ 다문화가족에 대한 우리 사회의 수용성

한국사회의 다문화수용성은 개선되어 왔다고 할 수 있으나 전반적으로 낮으며, 다문화사회에 대한 부정적 인식이나 역차별의 정서도 증가하고 있다. 한국은 타 국가에 비해 '다른 인종, 외국인노동자를 이웃으로 삼고 싶지 않다'는 비율이 높은 편이다.

단일민족주의 정서가 깊은 만큼 인식 및 태도 변화에는 시간이 걸리겠지만 다양한 참여활동을 통하여 이주민과의 접촉경험과 빈도를 높이고, 교육참여활동 등을 통해 수용성 개선을 기대할 수 있을 것이다.

(3) 제3차 다문화가족정책 기본계획 정책추진 방향

① 결혼이민자 보호를 위한 안전망 강화

② 안정적 정착을 위한 자립여건 조성 및 자녀 성장 지원

③ 상호존중·포용문화 조성을 위해 분야별 다문화가치 확산

(4) 제3차 다문화가족정책 기본계획(여성가족부, 2020)의 개요

- 비전 : 참여와 공존의 열린 다문화사회
- 목표 : 모두가 존중받는 차별 없는 다문화사회 구현, 다문화가족의 사회·경제적 참여 확대, 다문화가족 자녀의 건강한 성장 도모
- 정책과제 : 5대 영역, 70개 세부과제

① 다문화가족 장기정착 지원

② 결혼이민자 다양한 사회참여 확대

③ 다문화가족 자녀의 안정적 성장 지원과 역량 강화

④ 상호존중에 기반한 다문화 수용성 제고

⑤ 협력적 다문화가족정책 운영을 위한 추진체계 강화

(5) 정책의 성격

외국인정책 기본계획의 경우 동화주의와 다문화주의 비율이 42.0% 대 58.0%이며, 다문화가족정책기본계획의 경우 50%대 50%로 나타나 기본 계획 간 큰 차이는 없으나 영역별로는 차이가 나타난다.

	외국인정책 기본계획	다문화정책 기본계획
이주적응 관련	동화주의와 다문화주의 비슷	
교육 관련	다문화주의	동화주의와 다문화주의 비슷
고용 관련	동화주의 과제들보다는 다문화주의 과제를 더 많이 추진해 갈 계획	
문화 관련	다문화주의	동화주의
복지 관련	동화주의	동화주의와 다문화주의 비슷

정리하기

1. 다문화정책의 기본 계획
   - 다문화정책은 외국인정책과 다문화지원정책으로 크게 나뉘며, 현재 제3차 기본계획을 시행하고 있음
   - 우리나라의 경우 외국인정책과 다문화지원정책 모두 동화주의와 다문화주의를 혼용한 정책을 사용하고 있으며 세부분야에 따라 그 성격도 상이함

3. 부처별 다문화정책

1) 주관부처별 다문화정책

다문화가족지원정책은 여성가족부가 총괄하며, 업무성격에 따라 여러 부처가 법을 따로 제정하고 있다. 결혼이민여성과 관련된 법령은 여성가족부의 다문화지원법, 「결혼중개업의 관리에 관한 법률」이 있으며 외국인과 관련하여서는 법무부의 재한외국인 처우 기본법, 국적법, 출입국관리법이 있으며, 고용노동부에서는 「외국인 근로자의 고용에 관한 법률」 등이 있다. 각 정부부처는 이러한 법령에 의거하여 다문화가족을 위한 정책을 추진하고 있다.

〈표 8-2〉 중앙부처별 소관업무

법무부	여성 가족부	교육부	행정 안전부	문화체육 관광부	고용 노동부	농림축산 식품부
외국인 정책과	다문화가족 정책과 다문화가족 지원과	학생복지 정책과	사회통합 지원과	국어정책과	외국인력 담당관	농촌복지 여성과
외국인	다문화가족	다문화 가정자녀 및 일반학생	외국인	외국인, 일반국민	외국인 노동자, 결혼이민자	결혼이민자
외국인 정책 총괄	다문화가족 지원총괄	다문화 가정자녀 학교교육 지원	외국인주민 지역사회 생활정착 지원	다문화성 제고, 한국어 교재 개발	취업지원 직업상담 및 훈련	영농교육

출처 : 우수명 외(2018). 다문화사회복지론. 양서원.

2) 3차 다문화가족정책 기본계획에 따른 주요 사업 내용

(1) 제3차 다문화가족정책 기본계획의 분야별 주요 과제

다문화가족 장기정착 지원	• 결혼이주여성 인권보호 강화(가정폭력예방 및 대응체계 구축) • 국제결혼 피해예방 지원 • 안정된 가족생활 지원 • 서비스 연계 활성화
결혼이민자 다양한 사회참여 확대	• 자립역량 강화 • 취·창업 지원 서비스 내실화 • 사회참여 기회 확대
다문화가족 자녀의 안정적 성장지원과 역량 강화	• 안정적 성장을 위한 환경조성 • 학업 및 글로벌 역량 강화 • 진로준비 및 사회진출 지원 • 중도입국자녀 맞춤형 지원
상호존중에 기반한 다문화수용성 제고	• 정책환경에 대한 주기적 모니터링 실시 • 다문화 이해교육 활성화 • 다문화수용성 제고를 위한 미디어 환경 조성 • 지역 환경 조성 및 참여교류 프로그램 활성화
협력적 다문화가족정책 운영을 위한 추진체계 강화	• 정책추진체계 간 협력 강화 • 다문화가족 지원체계 내실화

(2) 중앙행정기관별 주요 사업내용

부처	주요 사업내용
교육부	결혼이민자 사회경제적 참여를 돕는 학점은행제 및 독학학위제 등의 교육 확대
	한국어 학급 확대 및 한국어 능력 진단-보정-시스템 확대를 통한 한국어교육 실시
	다문화학생 상담을 위한 진로진학 전문상담교사 대상 맞춤형 원격연구지원
	이중언어교재 전자책 개발 보급
	대학생 멘토링 내실화 및 업무절차 개선
	다문화 정책학교와 연구학교 운영 지원
	다문화중앙지원단 구성 및 활용
	지역다문화교육지원센터 운영·지원 및 센터 운영
외교부	KOICA 드림 봉사단 선발 시 다문화청소년 참여기회 확대
	KOICA 청년인턴 선발 서류심사 시 다문화청년 가산점 부여
	다문화가족 등 사회 취약계층의 참여촉진을 위한 KOICA 코디네이터 선발 시 사회형평적 채용 실시
법무부	재한외국인 사회통합교육, 자조모임 운영 활성화
	국민과 재한외국인이 상호존중하고 더불어 살아가는 사회환경을 조성하기 위해 세계인의 날 의식 고취
국방부	군부대 다문화 전문강사 양성
	장병 대상 찾아가는 다문화 이해교육 추진
행정안전부	결혼이민자 일자리 제공, 외국인주민 지원협의회 참여 및 정책결정에의 참여 확대
	다문화 관련 업무담당자의 전문성 및 다문화수용성 제고
	지자체 외국인주민 관련 시책 우수사례 발굴 및 공유·확산
문화체육관광부	다문화 구성원 역량 강화 및 사회 참여 확대
	다문화 수용성 제고 기반 조성
산업통상자원부	사회적 취업취약계층 지원을 통한 해외마케팅 전문인력 제공
보건복지부	사례관리사업 내실화를 위해 다문화가족 지원센터를 비롯한 민간복지기관과 시군구, 읍면동과의 정례적 소통 및 협의 활성화
	어린이집 관계자 보수교육과정에 다문화 가정 영유아보육 및 지원내용 교육

기관	내용
고용노동부	집단상담, 국민내일배움카드제, 취업성공패키지를 통한 맞춤형 취업지원 서비스 제공
	결혼이민자 등의 여성을 대상으로 하는 특화 창업 입문과정을 운영하고 참여자세에 대한 맞춤형 과정
	현장실무중심의 교육훈련 및 인력 양성을 추진하는 다문화청소년 특화 폴리텍 다솜학교 운영 지속
여성가족부	결혼이주여성 인권보호를 위해 사회안전망으로 유입 및 입국 초기 집중 지원 강화
	결혼이민자의 자립역량 강화 및 사회적 참여 기회 확대
	다문화가족 자녀의 역량 제고 및 안정적 성장을 위한 기관 연계 강화
	상호존중에 기반한 다문화 수용성 제고를 위한 환경 개선 노력
국토교통부	다문화가족 및 한부모가족에 대한 주택 특별공급 제도를 지속 운용하고, 이에 대한 정보안내 지속 실시
중소벤처기업부	여성창업보육시설 운영 및 입주기업 지원프로그램 마련, 우수 예비창업자 발굴 등을 통해 여성창업 활성화
	여성기업제품 공공구매 확대, 관련정보 제공 등을 통해 여성기업 판로 촉진 및 경영 안정 지원
방송통신위원회	한국교육방송공사가 다문화시대 사회통합에 이바지할 수 있는 다양한 장르의 프로그램을 개발할 수 있도록 제작비 지원
방송통신심의위원회	방송프로그램에 대한 심의 강화 및 자율규제 강화
경찰청	고위험 가정의 폭력 예방을 위해 다누리콜센터와 가정폭력학대예방경찰관(APO) 연계 강화
	112 다국어 신고앱을 개발하여 신고불편 개선 및 신속한 신고체계 구축
	여성가족부와 협업하여 다문화가족지원센터 기본프로그램에 범죄피해 예방법 및 대처방법 교육 마련
	다문화가족 가구원이 언어문제로 치안서비스 이용에 어려움을 겪지 않도록 경찰청 통역요원 대상 수사통역 전문화 교육 실시
농촌진흥청	농촌지역 결혼이민여성 리더십 제고 프로그램 운영
	다문화자녀 공동체 활동 프로그램의 현장 체험 운영
소방청	찾아가는 취약계층 소방안전교육(다문화가족, 국내체류 외국인 등) 및 안전체험 교육 확산
	119 신고앱 영문버전 대국민 홍보 추진

정리하기

주관부처별 다문화정책

다문화가족 지원정책은 여성가족부가 총괄하며 그 외 여러 부처가 해당 부처의 업무 성격에 맞게 법을 별도로 제정하고 정책을 추진하고 있음

CHAPTER

09 다문화 관련법 1

1. 다문화 관련법의 도입

1) 법의 의미와 법제의 중요성

법은 공동체를 위한 사회 규범으로서 사회적 존재인 인간은 서로 간의 갈등과 대립 시 이를 판단하고 강제하여 사회적 질서를 유지/ 재생산함과 동시에 공동체를 바람직한 방향으로 이끌 수 있는 도덕, 관습, 종교, 법률 등이 필요하다. 법은 국민이라면 마땅히 지켜야 할 행위들을 정의하고, 강제하는 강력한 사회규범이며 주로 행정부와 국회에서 만들어지고 국회를 통해 효력이 발생한다.

2) 우리나라 다문화 관련법의 등장 배경

- 우리나라는 경제발전과 함께 세계화와 자본 이동 등에 의한 이민자 증가
- 이주민의 다양한 권리와 의무 등 새롭고 명확한 사회규범 제시 필요
- 국가가 국익과 사회적 여건에 기초한 보다 체계적이고 공식적인 관리 필요

3) 다문화 관련법 제도화의 요인

(1) 정주 외국인 증가에 따른 사회문제 발생 및 국가적인 관리 요구의 증대

- 다문화 관련법 도입의 핵심적인 요소이다.

- 내국인의 해외진출뿐만 아니라 코리아드림을 꿈꾸는 이주노동자, 이주여성, 난민신청자, 그리고 일정 기간 머물다 가는 유학생, 상사주재원, 여행객 등 다양한 유형의 외국인들이 증가하였다.
- 우리나라에 들어오는 목적과 자격요건에 따라 외국인들에게 외교, 관광통과, 단기취업, 유학, 회화지도, 결혼이민 등을 포함한 36개로 분류된 사증(visa)을 발급하여 관리를 하게 되는데, 사증의 발급은 법적인 규정 안에서 이루어지며 다른 국적을 가지고 있는 체류자나 귀화자의 국내 출입국절차 및 권리의 한계와 범주를 정하는 것과 그것을 관리할 수 있는 체계를 법적으로 마련하는 것이 요구된다.

사증(査證, visa) : 외국 여행자의 신분과 국적을 증명하고 상대국에 그 보호를 의뢰하는 문서인 여권(passport)을 소유한 자가 정당한 이유와 자격으로 체류한다는 증명, 통장비자라고 부름

---

(2) 이주민 혹은 체류자들의 인권과 노동권 보호에 대한 국내외 요구와 영향력 증가

- 다문화 관련 법 제도화에 국내외 노동 관련 단체들의 인권활동이 영향을 미쳤다고 할 수 있다.
- 대한민국 헌법 제6조 제2항에는 '외국인은 국제법과 조약이 정하는 바에 의하여 그 지위가 보장된다'고 명시되고 있는데 국제노동기구(ILO)의 국제노동컨퍼런스는 외국에서 온 고용 노동자를 국내노동자와 평등하게 대우하고 그 이익을 보호해야 함을 권고하고 있다.
- 국제연합(UN)은 모든 이주노동자와 그 가족의 권리 보호에 관한 국제협약을 채택하고 각 나라에 이를 비준하고 가입하도록 하여 이주민에 대한 인권을 적극 존중 및 보장할 것을 요구하고 있다.

(3) 국제협약 혹은 당사국들 간의 조약 영향

- 다른 나라의 경우 자국민 노동자나 이주민을 보호하기 위하여 인력송출 및 국제결혼과 관련된 각종 국제 협약에 가입하거나 우리나라와 조약을 체결하여 관리하고 있다.
- 국제협약이나 국가 간 조약은 국내법과 같거나 유사한 효력을 가지게 되는 경우가 대부분이며, 일부 한계가 있기는 하지만 국내에 있는 이주민 권리에 대한 법률 제정 촉진 및 수정에 영향을 미친다.

(4) 서구 및 일본 등의 법체계 모방으로 국내법에 반영

우리나라의 사회복지법체계 발달 초기에는 일본과 미국의 법체계 내용을 한국식으로 보완하여 구성하였는데 국적 취득의 조건이나 여러 가지 외국인과 관련된 법체계를 이들 국가를 참고하여 적용하게 되었다.

이 외에도 다른 나라의 자국민 보호 요구와 국제화에 대한 대응, 다양한 글로벌 네트워크 구축을 통한 상호 영향력의 증대는 다문화 관련법들의 제정을 이끌었으며, 이는 국제화 시대에 필요한 국제 규범과 인권 의식의 증가에 따른 시대적 요구라고 할 수 있다.

정리하기

1. 다문화 관련법 도입 배경
   - 우리나라의 경우에도 경제발전과 함께 세계화와 자본 이동 등에 의한 이민자들의 증가로 인해 이주민의 귀화나 거주이전의 자유 등을 포함한 이주민의 다양한 권리와 의무 등에 대한 새롭고도 명확한 사회규범 제시가 요구됨
   - 이런 사회 규범 중 가장 강력한 사회규범인 법으로 나타나게 됨
2. 다문화 관련법 제도화의 요인
   정주 외국인 증가에 따른 사회문제 발생 및 국가적 관리 요구의 증가, 이주민과 체류자의 인권과 노동권 보호에 대한 국내외 요구의 증가, 국제협약 혹 당사국들 간의 조약에 의한 영향, 서구 및 일본 등의 법체계를 모방하여 국내법을 만들면서

반영되었으며 국제화 시대에 필요한 국제 규범과 인권 의식 증대 등에 따른 시대적 요구임

2. 한국의 다문화 관련법

1) 다문화 관련 법제의 중요성

한국사회는 세계화의 흐름 속에 노동시장 등 다방면에서 다문화화되고 있다. 세계화와 더불어 저출산 기조로 인한 인구구조의 공백이 예상되는 시점에서 이제 다문화는 피해갈 수 없는 현실이다. 따라서 새로운 다문화사회에서 평화로운 공존과 통합을 위해서는 다른 문화를 존중하고 배려하는 인식변화와 더불어 현실의 문제들을 합리적으로 해결하고 지원해 줄 각종 법 규범들이 필요하다.

한국사회에 이주민이 유입되고 이주민의 권리와 의무 등을 규정한 사회규범이 요구되고, 외국인과 이민자들에 대한 출입국관리와 국적 관련사항을 포함한 체계적이고 공식적인 법제들이 필요해지면서 이러한 요구에 맞는 법들이 제정되고 있다.

2) 한국의 다문화 관련법

(1) 다문화 관련법

한국에서 제정·시행되고 있는 다문화 관련법에는 대한민국 국민의 자격요건을 명시한 국적법, 대한민국에서의 출입국과 체류관리에 관한 사항이 명시된 출입국관리법, 외국인 근로자관리와 관련된 「외국인근로자의 고용 등에 관한 법률」, 재한 외국인의 대한민국 사회적응 도모를 위한 재한외국인 처우 기본법, 결혼중개업 관리를 위한 「결혼중개관리에 관한 법률」, 다문화가족의 사

회통합을 지원하기 위한 다문화가족지원법, 난민 관련 사항을 명시한 난민법이 있으며, 그 외에도 재외동포의 출입국과 법적 지위에 관한 법률 등이 다문화 관련법령이라고 할 수 있다.

〈표 9-1〉 다문화 관련법

법명	주무부처	주요 내용
국적법	법무부	대한민국의 국민의 요건에 근거하여 대한민국 국민의 국적 취득 및 상실 등 국민이 되는 요건을 규정한 법률
출입국관리법	법무부	대한민국에서의 출입국과 체류 관리
외국인근로자의 고용 등에 관한 법률	법무부	외국인근로자를 체계적으로 도입·관리함으로써 원할한 인력수급 및 국민경제의 균형 있는 발전을 도모함
재한외국인 처우 기본법	법무부	재한외국인에 대한 처우 등에 관한 기본적인 사항을 정함으로써 재한외국인이 대한민국 사회에 적응하여 개인의 능력을 충분히 발휘할 수 있도록 하고, 대한민국 국민과 재한외국인이 서로를 이해하고 존중하는 사회환경을 만들어 대한민국의 발전과 사회통합에 이바지함
결혼중개업의 관리에 관한 법률	여성가족부 (다문화가족 정책과)	결혼중개업을 건전하게 지도·관리하고 결혼중개업 이용자의 피해를 예방하여 그 이용자를 보호함으로써 건전한 결혼문화 형성에 이바지함
다문화가족 지원법	여성가족부 (다문화가족 정책과)	다문화가족 구성원이 안정적인 가족생활을 영위하고 사회 구성원으로서의 역할과 책임을 다할 수 있도록 함으로써 이들의 삶의 질 향상과 사회통합을 위하여 규정한 법률
난민법	법무부	난민의 지위에 관한 1951년 협약(이하 난민협약) 및 난민의 지위에 관한 1967년 의정서(이하 난민의정서)등에 따라 난민의 지위와 처우 등에 관한 사항을 정함

(2) 간접 관련법

법의 제정목적이나 방향이 외국인을 겨냥한 것은 아니지만 내용상 다문화 및 외국인과 관련되어 있는 경우가 있다. 자세한 내용은 다음 표에서 확인할 수 있다.

관련 법률	주무부처	주요 내용
사회보장 기본법	보건복지부 (복지정책과)	第8조(외국인에 대한 적용) 국내에 거주하는 외국인에게 사회보장제도를 적용할 때에는 상호주의의 원칙에 따르되, 관계법령에서 정하는 바에 따른다.
국민건강 보험법	보건복지부 (보험정책과)	제109조(외국인 등에 대한 특례) ① 정부는 외국 정부가 사용자인 사업장의 근로자의 건강보험에 관하여는 외국정부와 한 합의에 따라 이를 따로 정할 수 있다. ② 국내에 체류하는 재외국민 또는 외국인으로서 대통령령으로 정하는 사람은 제5조에도 불구하고 직장가입자가 된다.
국민연금법	보건복지부 (국민연금정책과)	제126조(외국인에 대한 적용) ①이 법의 적용을 받는 사업장에 사용되고 있는 외국인과 국내에 거주하는 외국인으로서 … 중략 … 당연히 사업장가입자 또는 지역가입자가 된다. 제127조(외국과의 사회보장협정) 대한민국이 외국과 사회보장협정을 맺은 경우에는 이법에도 불구하고 국민연금이 가입, 연금보험료의 납부, 급여의 수급요건, 급여액의 산정, 급여의 지급 등에 관하여 그 사회보장협정에서 정하는 바에 따른다.
지방자치법	행정자치부 (자치제도과)	제15조(조례의 제정과 개폐 청구) 출입국관리법 제 10조에 따른 영주의 체류자격취득일 후 3년이 경과한 외국인으로서 같은 법 제34조에 따라 해당 지방자치단체의 외국인등록대장에 올라 있는 사람

정리하기

1. 다문화 관련 법제의 중요성
   새로운 다문화사회에서 평화로운 공존과 통합을 위해서는 다른 문화를 존중하고 배려하는 인식변화와 더불어 현실의 문제들을 합리적으로 해결하고 지원해 줄 각종 법 규범들을 필요로 함
2. 한국의 다문화 관련법
   국적법, 출입국관리법, 「외국인근로자의 고용 등에 관한 법률」, 재한외국인 처우 기본법, 「결혼중개관리에 관한 법률」, 다문화가족지원법, 난민법 등

3. 국적법

1) 국적의 개념

국가의 주요 구성요소인 '국민'의 자격에 해당하는 권리의 규정으로 우리나라의 경우 부모의 혈통에 기반하여 국적을 부여하는 '속인주의' 국적을 부여하는 국가이다.

〈표 9-2〉 나라별 국적

한국	• 대한민국 정부수립(1948년) 시기에는 부계혈통주의로 아버지가 한국인인지의 여부가 중요한 국적 부여의 근거 • 1998년 개정된 국적법에서 부모양계주의로 자녀 국적 선택 기준의 변화, 어머니가 한국인인 경우에도 자녀의 한국 국적 취득이 가능해짐
미국	• 속지주의(출생지주의)에 기반하여 국적 부여, 자국의 영토 내에서 출생할 경우 국적(시민권)을 부여
유럽	• 오랜 교류와 프랑스 시민혁명의 정신을 계승한 공화적인 전통과 맞물려 국적 부여나 이중국적 인정 등 비교적 유연한 국적 부여 • 용이한 국적 취득뿐만 아니라 복수국적 허용

한국의 국적 취득은 법적으로 우리나라 국민으로서의 모든 권리와 의무를 동시에 가진다는 의미로 국적법에 의하면 대한민국 국석 취득 여부가 나문화적 배경이나 인종이나 종교보다 더 중요한 정책적 차별이 기준이 된다.

2) 입법배경 및 목적

국적법은 대한민국의 국민이 되는 요건을 규정하기 위한 목적(제1조)으로 1948년 제정·시행된 법이다. 외국인의 입장에서 특정 국가의 국민이 되었다는 것을 의미하는 것이 되고, 해당 사회 입장에서 누구를 어떤 식으로 사회구성원으로 받아들일지를 결정하는 법률이므로 국적법은 다문화관련법 중 중요한 법이다.

3) 국적법의 내용

대한민국 국적의 취득		
출생에 의한 국적 취득	인지에 의한 국적 취득	귀화에 의한 국적 취득

(1) 출생에 의한 국적 취득

① 출생당시에 부(父)또는 모(母)가 대한민국의 국민인 자

② 출생하기 전에 부가 사망한 경우에는 그 사망 당시에 부가 대한민국의 국민이었던 자

③ 부모가 모두 분명하지 아니한 경우나 국적이 없는 경우에는 대한민국에서 출생한 자

- 대한민국에서 발견된 기아(棄兒)는 대한민국에서 출생한 것으로 추정한다.

(2) 인지에 의한 국적 취득

인지 : 혼인 외의 출생자를 친아버지나 친어머니가 자기의 자녀임을 확인하는 것

인지에 의한 국적 취득은 외국인이 대한민국의 국민인 부 또는 모에 의하여 인지(認知)된 자가 대한민국 민법상 미성년이고, 출생 당시 부 또는 모가 대한민국 국민일 때 법무부장관에게 신고함으로써 대한민국 국적을 취득할 수 있다(제3조).

(3) 귀화에 의한 국적취득

귀화에 의한 국적 취득(국적법 제4조) : 대한민국 국적을 취득한 사실이 없는 외국인이 일반귀화, 간이귀화, 특별귀화 요건에 따라 법무부장관이 심사한 후 귀화허가를 받아 대한민국 국적을 취득하는 것

일반귀화	간이귀화와 특별귀화에 해당하지 않는 외국인이 대한민국 민법상 성년이면서 5년 이상 계속 대한민국에 주소가 있으며 품행이 단정하며, 자신의 자산이나 기능에 의하거나 생계를 같이하는 가족에 의존하여 생계를 유지할 능력이 있으며, 국어능력과 대한민국의 풍습에 대한 이해 등 대한민국 국민으로 조건과 기본소양이 있을 때 법무부장관이 허가
간이귀화	• 부 또는 모가 대한민국 국민이었거나 현재 국민인 경우 • 양자, 대한민국 국민의 혼인상대로 조건을 충족한 경우 • 결혼이주자의 경우 배우자와 혼인한 상태로 대한민국에서 2년 이상 계속하여 주소가 있거나 배우자와 혼인한 경우 3 년이 지나고 혼인한 상태로 대한민국에 1년 이상 계속하여 주소가 있는 경우
특별귀화	대한민국 국익에 기여할 것으로 인정된 자, 기여한 자

* 간이귀화의 두 가지 조건을 충족하지 못했을 경우 국가가 정한 사유에 해당된 경우에만 국적 취득 가능
  - 배우자의 사망이나 실종 또는 그 밖에 자신에게 책임이 없는 사유로 정상적인 혼인 생활을 할 수 없었던 결혼이주민의 경우 거주기간의 남은 잔여기간을 채웠고 법무부장관이 상당하다고 인정한 경우
  - 배우자와의 혼인에 따라 출생한 미성년의 자녀를 양육하고 있거나 양육하여야 할 자가 결혼이주민인 경우, 그 잔여기간을 채웠고 법무부장관이 상당하다고 인정하는 자의 경우

(4) 국적의 재취득

대한민국 국적을 상실한 자가 그 후 1년 내에 그 외국 국적을 포기하면 법무부장관에게 신고함으로써 대한민국 국적을 재취득할 수 있다. 이에 따라 신고한 자는 그 신고를 할 때에 대한민국 국적을 취득한다(제11조).

(5) 복수국적

우리나라는 예외적인 몇을 제외하면 원칙적으로 복수국적을 인정하지 않는다.

2011년 1월부터 원정출산처럼 태어날 때부터 복수국적을 취득하거나, 해외 우수 인재, 결혼이민자, 미성년 해외입양자, 국내에서 여생을 보내고 싶은 65세 이상의 영구 귀국한 재외동포 등과 같은 이들에게는 제한적으로 복수국적을 허용한다.

복수국적을 가진 대한민국 국적을 가진 남자는 18세가 되는 해 병역 의무가 발생하고 18세 되기 전 국적을 선택해야 한다. 병역을 면제받거나 혹은 이행한 남성, 22세가 되기 전의 여성은 외국 국적을 국내에서 행사하지 않겠다고 하는 '외국 국적 불행사 서약서'를 제출하고 허가 후 이중국적의 유지와 가능하지만 외국인 혜택은 모두 포기해야 한다.

복수국적 인정 및 제한에 대한 논쟁은 현재 진행형이다.

(6) 국적 상실

우리나라의 경우 국적 포기는 국적법에서 중요하게 다루고 있다.

① 외국 국적취득자의 국적 상실

대한민국의 국민으로서 자진하여 외국 국적을 취득한 자는 그 외국 국적을 취득한 때에 대한민국의 국적을 상실한다. 대한민국의 국민으로서 다음 어느 하나에 해당되는 자는 그 외국 국적을 취득한 때부터 6개월 내에 법무부 장관에게 대한민국 국적을 보유할 의사가 있다는 것을 신고하지 아니하면 그 외국 국적을 취득한 때로 소급하여 대한민국 국적을 상실한 것으로 본다.

- 외국인과의 혼인으로 그 배우자의 국적을 취득하게 된 자
- 외국인에게 입양되어 그 양부 또는 양모의 국적을 취득하게 된 자
- 외국인인 부 또는 모에게 인지되어 그 부 또는 모의 국적을 취득하게 된 자
- 외국 국적을 취득하여 대한민국 국적을 상실하게 된 자의 배우자나 미성년자인 자(子)로서 그 외국의 법률에 따라 함께 그 외국 국적을 취득하게 된 자

② 국적 상실자의 처리 및 권리 변동

대한민국 국적을 상실한 자는 법무부 장관에게 국적 상실신고를 하여야 한다. 공무원이 그 직무상 대한민국 국적을 상실한 자를 발견하면 지체 없이 법

무부 장관에게 그 사실을 통보하여야 한다.

대한민국 국적을 상실한 자는 국적을 상실한 때부터 대한민국의 국민만이 누릴 수 있는 권리를 누릴 수 없다. 대한민국의 국민이었을 때 취득한 것으로 양도할 수 있는 것은 그 권리와 관련된 법령에서 따로 정한 바가 없으면 3년 내에 대한민국의 국민에게 양도하여야 한다.

정리하기

1. 국적의 개념
   - 국적이란 국가의 주요 구성요소인 '국민'의 자격에 해당하는 권리 규정
   - 우리나라는 부모의 혈통에 기반하여 국적을 부여하는 '속인주의' 국적 부여 국가, 미국의 경우 '속지주의(출생지주의)'에 기반하여 국적 부여, 유럽의 다수 국가들은 일정 자격요건을 갖추면 국적을 취득할 수 있을 뿐만 아니라 복수 국적도 허용
2. 국적의 취득과정
   - 국적법에 의하면 부모 혈통 이외에 국적을 취득할 수 있는 방법은 인지(혼인 외의 출생자를 친아버지나 친어머니가 자기의 자녀임을 확인하는 것)와 귀화(대한민국 국적을 취득한 사실이 없는 외국인이 일반귀화/ 간이귀화/ 특별귀화 요건에 따라 심사 후 허가받은 경우)에 의한 국적 취득방법이 있음
   - 우리나라는 이주노동자들이 미등록 외국인이 되는 경우가 적지 않고, 결혼이주민들의 경우도 경제적 활동을 목적으로 위장결혼하는 경우가 있기 때문에 국적 취득에 대해 철저하게 관리

CHAPTER

10 다문화 관련법 2

1. 출입국관리법

1) 입법배경 및 목적

출입국관리법은 1963년 대한민국 국민과 외국인의 출입국에 대한 절차를 규정하기 위하여 제정되었다. 제정 당시에는 출입국 및 체류외국인 수가 많지 않아서 큰 의미가 없었으나 1988년 올림픽 이후 외국인의 입국과 방문이 급격하게 증가하면서 출입국관리법은 외국인의 체류관리 등의 가장 중요한 법이 되었다. 출입국관리법은 대한민국에 입국하거나 대한민국에서 출국하는 모든 국민이나 외국인의 출입국관리를 통한 안전한 국경관리, 대한민국에 체류하는 외국인의 체류관리와 사회통합 등에 관한 사항의 규정을 목적으로 한다.

출입국관리법은 제정 후 40여 차례 개정을 거치고 있는데 산업발전과 국제화추세에 따라 출입국자가 급증하고, 국내임금상승에 따라 외국인 불법취업자가 계속 증가하는 등의 현실에 효과적으로 대응하고자 1992년 12월 전면 개정되었으며, 특히 1993년 개정에서는 난민의 지위에 관한 협약 및 난민의 지위에 관한 의정서 가입에 따른 난민지위의 보장을 위하여 필요한 난민 관련 규정을 신설하고 미비점을 보완하였으며, 이후 난민법의 제정으로 분리되면서 2012년 개정에서는 난민의 출입과 체류에 관한 사항만 남게 되었다.

2) 출입국관리법의 내용

(1) 용어의 정의

① 국민이란 대한민국의 국민을 말한다.

② 외국인이란 대한민국의 국적을 가지지 아니한 사람을 말한다.

③ 난민이란 난민법 제2조 제1호에 따른 난민을 말한다.

④ 여권이란 대한민국정부·외국정부 또는 권한 있는 국제기구에서 발급한 여권 또는 난민여행증명서나 그 밖에 여권을 갈음하는 증명서로서 대한민국정부가 유효하다고 인정하는 것을 말한다.

⑤ 선원신분증명서란 대한민국정부나 외국정부가 발급한 문서로서 선원임을 증명하는 것을 말한다.

⑥ 출입국항이란 출국하거나 입국할 수 있는 대한민국의 항구·공항과 그 밖의 장소로서 대통령령으로 정하는 곳을 말한다.

⑦ 재외공관의 장이란 외국에 주재하는 대한민국의 대사(大使), 공사(公使), 총영사(總領事), 영사(領事) 또는 영사업무를 수행하는 기관의 장을 말한다.

⑧ 지방출입국·외국인관서란 출입국 및 외국인의 체류 관리업무를 수행하기 위하여 법령에 따라 각 지역별로 설치된 관서와 외국인보호소를 말한다.

⑨ 보호란 출입국관리공무원이 제46조 제1항 각 호에 따른 강제퇴거 대상에 해당된다고 의심할 만한 상당한 이유가 있는 사람을 출국시키기 위하여 외국인보호실, 외국인보호소 또는 그 밖에 법무부 장관이 지정하는 장소에 인치(引致)하고 수용하는 집행활동을 말한다.

⑩ 외국인보호실이란 이 법에 따라 외국인을 보호할 목적으로 지방출입국·외국인관서에 설치한 장소를 말한다.

⑪ 외국인보호소란 지방출입국·외국인관서 중 이 법에 따라 외국인을 보호할 목적으로 설치한 시설로서 대통령령으로 정하는 곳을 말한다.

(2) 주요내용

① 외국인의 입국

외국인이 입국할 때에는 유효한 여권과 법무부 장관이 발급한 사증(査證)을 가지고 있어야 한다. 다음 각 호의 어느 하나에 해당하는 외국인은 제1항에도 불구하고 사증 없이 입국할 수 있다.

- 재입국허가를 받은 사람 또는 재입국허가가 면제된 사람으로서 그 허가 또는 면제받은 기간이 끝나기 전에 입국하는 사람
- 대한민국과 사증면제협정을 체결한 국가의 국민으로서 그 협정에 따라 면제대상이 되는 사람
- 국제친선, 관광 또는 대한민국의 이익 등을 위하여 입국하는 사람으로서 대통령령으로 정하는 바에 따라 따로 입국허가를 받은 사람
- 난민여행증명서를 발급받고 출국한 후 그 유효기간이 끝나기 전에 입국하는 사람

법무부 장관은 공공질서의 유지나 국가이익에 필요하다고 인정하면 해당하는 사람에 대하여 사증면제협정의 적용을 일시 정지할 수 있다. 대한민국과 수교(修交)하지 아니한 국가나 법무부장관이 외교부장관과 협의하여 지정한 국가의 국민은 제1항에도 불구하고 대통령령으로 정하는 바에 따라 재외공관의 장이나 지방출입국·외국인관서의 장이 발급한 외국인입국허가서를 가지고 입국할 수 있다.

② 외국인의 체류

외국인은 그 체류자격과 체류기간의 범위에서 대한민국에 체류할 수 있다. 대한민국에 체류하는 외국인은 이 법 또는 다른 법률에서 정하는 경우를 제외하고는 정치활동을 하여서는 아니 된다. 법무부 장관은 대한민국에 체류하는 외국인이 정치활동을 하였을 때에는 그 외국인에게 서면으로 그 활동의 중지

명령이나 그 밖에 필요한 명령을 할 수 있다.

③ 외국인의 등록

외국인이 입국한 날부터 90일을 초과하여 대한민국에 체류하려면 대통령령으로 정하는 바에 따라 입국한 날부터 90일 이내에 그의 체류지를 관할하는 지방출입국·외국인관서의 장에게 외국인등록을 하여야 한다.

정리하기

1. 출입국관리법의 목적
   대한민국에 입국하거나 대한민국에서 출국하는 모든 국민이나 외국인의 출입국관리를 통한 안전한 국경관리, 대한민국에 체류하는 외국인의 체류관리와 사회통합 등에 관한 사항을 규정함
2. 출입국관리법의 내용
   출입국관리법은 국민의 출입국 및 외국인의 입국, 체류, 외국인의 등록, 사회통합 프로그램 등에 대한 내용을 포함하고 있음

2. 재한외국인 처우 기본법(외국인처우법)

1) 입법배경 및 목적

재한외국인 처우 기본법은 재한 외국인을 대우하는 일에 관한 기본적인 사항을 정한 법률로 재한 외국인이 대한민국 사회에 적응하여 개인의 능력을 충분히 발휘할 수 있도록 하고, 대한민국 국민과 재한 외국인이 서로를 이해하고 존중하는 사회 환경을 만들어 대한민국의 발전과 사회 통합에 이바지하는 것을 목적으로 2007년에 제정되었다.

현재까지 총 3회에 걸친 개정을 통해 결혼이민자 자녀의 의료지원 규정, 난민 등의 처우 근거마련, 결혼이민자 및 내국인과 사실혼관계에 있는 재한외국

인 및 그 자녀에 대하여 건강검진을 실시하는 근거규정을 마련하게 되었다.

재한외국인 처우 기본법은 국가와 지방자치단체가 재한외국인의 처우증진을 위하여 종합적이고 거시적인 외국인정책을 추진해야 할 의무가 있음을 명시할 목적으로 제정되었지만, 재한 외국인을 동화시키기 위한 지원 대상을 보는 시각과 결혼이민자와 그 자녀를 지원 대상으로만 보고 지원위주의 정책을 규정하고 있는 점, 적용대상에서 외국인과 이주노동자들 중 합법적 지위가 없는 불법체류외국인은 배제되었다는 한계가 있다.(박성혁 외, 2016).

2) 재한외국인 처우 기본법의 내용

(1) 용어의 정의

재한외국인이란 대한민국의 국적을 가지지 아니한 자로서 대한민국에 거주할 목적을 가지고 합법적으로 체류하고 있는 자를 말한다.

재한외국인에 대한 처우란 국가 및 지방자치단체가 재한외국인을 그 법적 지위에 따라 적정하게 대우하는 것을 말한다.

결혼이민자란 대한민국 국민과 혼인한 적이 있거나 혼인관계에 있는 재한외국인을 말한다.

(2) 주요 내용

① 재한외국인 등의 인권옹호

국가 및 지방자치단체는 재한외국인 또는 그 자녀에 대한 불합리한 차별 방지 및 인권옹호를 위한 교육·홍보, 그 밖에 필요한 조치를 하기 위하여 노력하여야 한다.

② 재한외국인의 사회적응 지원

국가 및 지방자치단체는 재한외국인이 대한민국에서 생활하는 데 필요한 기본적 소양과 지식에 관한 교육·정보제공 및 상담 등의 지원을 할 수 있다.

③ 결혼이민자 및 그 자녀의 처우

가. 국가 및 지방자치단체는 결혼이민자에 대한 국어교육, 대한민국의 제도·문화에 대한 교육, 결혼이민자의 자녀에 대한 보육 및 교육 지원, 의료 지원 등을 통하여 결혼이민자 및 그 자녀가 대한민국 사회에 빨리 적응하도록 지원할 수 있다.

나. 제1항은 대한민국 국민과 사실혼 관계에서 출생한 자녀를 양육하고 있는 재한외국인 및 그 자녀에 대하여 준용한다.

다. 국가와 지방자치단체는 제1항의 결혼이민자 및 그 자녀와 제2항의 재한외국인 및 그 자녀에 대하여 건강검진을 실시할 수 있다.

④ 영주권자의 처우

가. 국가 및 지방자치단체는 대한민국에 영구적으로 거주할 수 있는 법적 지위를 가진 외국인(이하 영주권자라 한다)에 대하여 대한민국의 안전보장·질서유지·공공복리, 그 밖에 대한민국의 이익을 해치지 아니하는 범위 안에서 대한민국으로의 입국·체류 또는 대한민국 안에서의 경제활동 등을 보장할 수 있다.

정리하기

1. 재한외국인 처우 기본법의 목적

   재한 외국인이 대한민국 사회에 적응하여 개인의 능력을 충분히 발휘할 수 있도록 하고, 대한민국 국민과 재한 외국인이 서로를 이해하고 존중하는 사회 환경을 만들어 대한민국의 발전과 사회 통합에 이바지하는 것을 목적으로 함

2. 재한외국인 처우 기본법의 내용

   국가 및 지방자치단체의 책무, 외국인정책기본계획과 연도별 시행계획, 재한외국인 등의 처우, 국민과 재한외국인이 더불어 살아가는 환경 조성

3. 「외국인근로자의 고용 등에 관한 법률」

1) 입법배경 및 목적

「외국인근로자의 고용 등에 관한 법률」은 외국인근로자를 체계적으로 도입·관리함으로써 인력수급을 원활하게 하고 국민경제를 균형 있는 발전을 도모하고자 제정되었다. 이 법은 내국인근로자에 대한 고용기회 보호의 원칙하에 외국인근로자를 체계적으로 도입함으로써 인력수급을 원활하게 하여 중소기업 등의 인력부족을 해소하고 지속적인 경제성장을 도모하는 한편, 외국인근로자에 대한 효율적인 고용관리와 근로자로서의 권익을 보호하기 위한 장치를 마련하기 위해 2003년 8월에 제정되었다.

「외국인근로자의 고용 등에 관한 법률」은 2003년에 제정되어 2004년에 시행되어 수차례 개정을 거쳤다. 2005년 5월 개정에서는 외국인근로자를 고용하는 중소기업의 인력난을 해소하기 위하여 외국인근로자의 재취업제한기간을 현행 1년에서 6개월로 단축하고 3년의 취업기간 만료로 출국하는 외국인근로자 중 출국 전에 당해 외국인근로자를 고용하고 있던 사용자의 추천이 있는 자에 대하여는 6개월의 재취업제한기간을 단축할수 있도록 하였다. 2005년 12월 개정에서는 산업현장의 원활한 인력수급을 지원하기 위해 외국인근로자 고용절차 간소화 및 외국국적동표의 취업허용업종을 확대하고, 2004년 8월 고용허가제 시행 이후 운용과정에서 나타난 미비점을 보완하였다.

2009년 10월의 개정에서는 직업소개소의 개념을 확대하고 직업소개에 따른 요금에 관한 규제를 일부 완화하며, 유료 직업소개사업 사업소 수를 제한하는 사항과 근로자공급사업의 자산 및 시설요건에 관한 사항을 개선 보완하였다. 2012년 2월 개정에서 국내취업활동 기간 중에 내국인 고용곤란 사업장에서 사업장 변경없이 성실하게 근로한 외국인근로자에 대해서는 연장된 고용기간이 만료되어 출국한 날로부터 3개월이 지나면 다시 취업하도록 할 수 있고, 한국어능력시험, 취업교육 등에 관한 규정을 적용하지 않는다. 2019년 개정에서는 외국인근로자에게 기숙사를 제공할 때 근로기준법 제 100조에서 정하는 기준을 준수하고, 외국인근고자와 근로계약을 체결할때 외국인근로자에게 기숙자의 구조, 설비 및 장소 등에 대한 정보를 사전에 제공하도록 하였다.

2) 주요 내용

(1) 외국인근로자 정의 및 적용범위

① 외국인근로자의 정의

외국인근로자란 대한민국의 국적을 가지지 아니한 사람으로서 국내에 소재하고 있는 사업 또는 사업장에서 임금을 목적으로 근로를 제공하고 있거나 제공하려는 사람을 말한다. 다만, 출입국관리법 제18조 제1항에 따라 취업활동을 할 수 있는 체류자격을 받은 외국인 중 취업분야 또는 체류기간 등을 고려하여 대통령령으로 정하는 사람은 제외한다.

② 적용 범위 등

가. 외국인근로자 및 외국인근로자를 고용하고 있거나 고용하려는 사업 또는 사업장에 적용한다. 다만, 선원법의 적용을 받는 선박에 승무(乘務)하는 선원 중 대한민국 국적을 가지지 아니한 선원 및 그 선원을 고용하고 있거나 고용하려는 선박의 소유자에 대하여는 적용하지 아니한다.

나. 외국인근로자의 입국ㆍ체류 및 출국 등에 관하여 이 법에서 규정하지 아니한 사항은 출입국관리법에서 정하는 바에 따른다.

③ 취업활동 기간의 제한

외국인근로자는 입국한 날부터 3년의 범위에서 취업활동을 할 수 있다.

④ 취업활동 기간 제한에 관한 특례

가. 다음 각 호의 외국인근로자는 제18조에도 불구하고 한 차례만 2년 미만의 범위에서 취업활동 기간을 연장받을 수 있다.

가) 고용허가를 받은 사용자에게 고용된 외국인근로자로서 제18조에 따른 취업활동 기간 3년이 만료되어 출국하기 전에 사용자가 고용노동부장관에게 재고용 허가를 요청한 근로자

나) 특례고용가능확인을 받은 사용자에게 고용된 외국인근로자로서 취업활동 기간 3년이 만료되어 출국하기 전에 사용자가 고용노동부장관에게 재고용 허가를 요청한 근로자

(3) 외국인근로자의 보호

① 기숙사의 제공 등

가. 사용자가 외국인근로자에게 기숙사를 제공하는 경우에는 근로기준법 제100조에서 정하는 기준을 준수하고, 건강과 안전을 지킬 수 있도록 하여야 한다.

나. 사용자는 제1항에 따라 기숙사를 제공하는 경우 외국인근로자와 근로계약을 체결할 때에 외국인근로자에게 다음 각 호의 정보를 사전에 제공하여야 한다. 근로계약 체결 후 다음 각 호의 사항을 변경하는 경우에도 또한 같다.

가) 기숙사의 구조와 설비

나) 기숙사의 설치 장소

다) 기숙사의 주거 환경

라) 기숙사의 면적

마) 그 밖에 기숙사 설치 및 운영에 필요한 사항

다. 제2항에 따른 기숙사 정보 제공의 기준 등에 필요한 사항은 대통령령으로 정한다.

(4) 사업 또는 사업장 변경의 허용

① 사업 또는 사업장 변경의 허용

가. 외국인근로자(제12조 제1항에 따른 외국인근로자는 제외한다)는 다음 각 호의 어느 하나에 해당하는 사유가 발생한 경우에는 고용노동부령으로 정하는 바에 따라 직업안정기관의 장에게 다른 사업 또는 사업장으로의 변경을 신청할 수 있다.

가) 사용자가 정당한 사유로 근로계약기간 중 근로계약을 해지하려고 하거나 근로계약이 만료된 후 갱신을 거절하려는 경우

나) 휴업, 폐업, 제19조 제1항에 따른 고용허가의 취소, 제20조 제1항에 따른 고용의 제한, 제22조의2를 위반한 기숙사의 제공, 사용자의 근로조건 위반 또는 부당한 처우 등 외국인근로자의 책임이 아닌 사유로 인하여 사회통념상 그 사업 또는 사업장에서 근로를 계속할 수 없게 되었다고 인정하여 고용노동부장관이 고시한 경우

다) 그 밖에 대통령령으로 정하는 사유가 발생한 경우

나. 사용자가 제1항에 따라 사업 또는 사업장 변경 신청을 한 후 재취업하려는 외국인근로자를 고용할 경우 그 절차 및 방법에 관하여는 제6조·제8조 및 제9조를 준용한다.

다. 제1항에 따른 다른 사업 또는 사업장으로의 변경을 신청한 날부터 3개월 이내에 출입국관리법 제21조에 따른 근무처 변경허가를 받지 못하거나 사용자와 근로계약이 종료된 날부터 1개월 이내에 다른 사업 또는 사업장으로의 변경을 신청하지 아니한 외국인근로자는 출국하여야 한다. 다만, 업무상 재해, 질병, 임신, 출산 등의 사유로 근무처 변경허가를 받을 수 없거나 근무처 변경신청을 할 수 없는 경우에는 그 사유가 없어진 날부터 각각 그 기간을 계산한다.

라. 제1항에 따른 외국인근로자의 사업 또는 사업장 변경은 제18조에 따른 기간 중에는 원칙적으로 3회를 초과할 수 없으며, 제18조의2 제1항에 따라 연장된 기간 중에는 2회를 초과할 수 없다. 다만, 제1항 제2호의 사유로 사업 또는 사업장을 변경한 경우는 포함하지 아니한다. [전문개정 2009. 10. 9.]

정리하기

1. 「외국인근로자의 고용 등에 관한 법률」의 제정 목적
   내국인근로자에 대한 고용기회보호의 원칙하에 외국인근로자를 체계적으로 도입함으로써 인력수급을 원활하게 하여 중소기업 등의 인력부족을 해소하고 지속적인 경제성장을 도모하는 한편, 외국인근로자에 대한 효율적인 고용관리와 근로자로서의 권익을 보호하기 위한 장치를 마련하기 위해 2003년 8월에 제정됨
2. 「외국인근로자의 고용 등에 관한 법률」의 내용
   외국인근로자 정의 및 적용범위, 취업활동 기간의 제한 및 취업활동 기간 제한에 관한 특례, 외국인근로자의 보호 중 기숙사의 제공/ 사업 또는 사업장 변경의 허용, 외국인 근로자의 사업 또는 사업장 변경 등

4. 「결혼중개업의 관리에 관한 법률」

1) 입법배경 및 목적

「결혼중개업의 관리에 관한 법률」은 현대 사회에서 만남의 기회가 한정된 성인남녀에게 결혼을 위한 상담 및 알선 등 관련 서비스를 제공하는 결혼 중개업과 관련하여 최근에 특히 국제결혼이 급격히 증가하면서 사회문제가 발생하고 있다. 이에 결혼중개업의 관리에 관한 법률은 결혼중개업을 건전하게 지도·관리하고 결혼중개업 이용자의 피해를 예방하여 그 이용자를 보호함으로써 건전한 결혼문화 형성에 이바지함을 목적으로 2007년에 제정되었다.

「결혼중개업의 관리에 관한 법률」은 2010년 개정을 통해 국제결혼중개업자에게 결혼중개계약이용자와 그 상대방에게 신상정보를 제공하도록 하고, 결혼중개 관행을 개선하고 계치금 제도를 폐지하고 신고 및 등록 업무를 일원화하는 등 결혼중개업의 관리과정의 문제점을 보완하였다. 2012년 개정에서는 국제결혼중개의 상대방을 만 18세 이상인 자로 하고 단체맞선 및 집단기숙을 금지하며, 이용자 및 상대방의 신상정보 범위에 범죄경력을 추가하고 신상정보에 대한 공증절차를 도입하며 인권침해의 우려가 있는 내용 표시・광고를 강화하는 등의 보완이 이루어졌다. 2013년 개정에서는 결혼중개업을 운영 및 종사자의 자격을 강화하였고 2016년 개정에서는 결혼중개자가 이용자에게 손해를 발생하게 하였을 때 그 손해를 배상하도록 하되, 국제결혼중개업자의 고의 또는 과실 없음을 입증하는 경우 그 책임을 면하도록 하는 입증책임을 전환하도록 하는 내용이 포함되었다.

2) 내용

(1) 용어 정리

① 결혼중개란 결혼을 위한 상담 및 알선 등의 행위를 말한다.

② 결혼중개업이란 수수료・회비, 그 밖의 금품을 받고 결혼중개를 업으로 행하는 것을 말한다.

③ 국내결혼중개업이란 대한민국의 국적을 가진 사람을 대상으로 하는 결혼중개업을 말한다.

④ 국제결혼중개업이란 대한민국의 국적을 가진 사람과 외국인을 대상으로 하는 결혼중개업을 말한다.

⑤ 결혼중개업자란 결혼중개업의 신고를 하거나 결혼중개업의 등록을 한 자를 말한다.

(2) 주요 내용

① 결혼중개계약서의 작성

가. 결혼중개업자는 결혼중개를 목적으로 수수료・회비, 그 밖의 금품을 이용자에게 받고자 할 때에는 다음 각 호의 방법으로 계약을 체결하여야 한다. 이 경우 이용자가 계약서 내용을 이해할 수 있도록 충분하게 설명하여야 한다.

가) 국내결혼중개업자 : 서면 또는 「전자문서 및 전자거래 기본법」 제2조 제1호에 따른 전자문서

나) 국제결혼중개업자 : 서면

나. 제1항에 따라 계약을 체결하는 때에는 다음 각 호의 사항을 기재한 계약서(약관을 정하여 사용하는 경우로서 약관의 내용이 계약서에 기재되어 있지 아니한 경우 그 약관을 기재한 서면을 포함한다)를 이용자에게 내주어야 한다.

가) 수수료・회비 등에 관한 사항

나) 해약 또는 해지할 경우 수수료・회비 등의 반환에 관한 사항

다) 결혼중개업자의 배상책임에 관한 사항

라) 결혼중개업자가 제공하는 서비스의 내용, 제공방법, 기간 및 시기 등에 관한 사항

마) 그 밖에 결혼중개업자가 준수하여야 할 사항

다. 결혼중개업자는 제1항에 따라 작성된 계약서를 여성가족부령으로 정하는 기간 동안 보존하여야 한다.

라. 결혼중개업자는 제1항에 따라 계약서를 작성하는 때에는 제2항의 기재사항을 거짓으로 기재하거나 서로 다른 2 이상의 계약서를 작성하여서는 아니 된다.

마. 여성가족부장관은 결혼중개업의 공정한 거래질서를 구축하기 위하여 결혼중개업에 관한 표준 계약서를 마련하고 결혼중개업자에게 이를 사용하도록 권장하여야 한다.

② 신상정보 제공

가. 국제결혼중개업자는 제10조 제1항에 따라 계약을 체결한 이용자와 결혼중개의 상대방(이하 "상대방"이라 한다)으로부터 다음 각 호의 신상정보를 받아 각각 해당 국가 공증인의 인증을 받은 다음 각 호의 신상정보(증빙서류를 포함한다)를 상대방과 이용자에게 서면으로 제공하여야 한다. 다만, 이용자 또는 상대방이 외국에서 공증인의 인증을 받은 경우 재외공관 공증법 제30조 제1항에 따라 공증담당영사로부터 확인을 받거나 「외국공문서에 대한 인증의 요구를 폐지하는 협약」에서 정하는 바에 따른 확인을 받아야 한다.

가) 혼인경력

나) 건강상태(후천성면역결핍증, 성병 감염 및 정신질환 여부를 포함한다)

다) 직업

라) 성폭력, 가정폭력, 아동학대, 성매매 알선 및 강요 관련 범죄경력과 최근 10년 이내의 금고 이상의 형에 해당하는 범죄경력

마) 그 밖에 상대국의 법령에서 정하고 있는 사항

나. 제1항 제2호의 건강상태에 관한 서류는 건강검진기본법 제14조에 따라 검진기관으로 지정된 병원급 의료기관이 발행한 건강진단서(정신건강의학과가 설치되지 아니한 의료기관의 경우 정신계통의 검사는 정신건강의학과 의사의 협조를 얻어 실시하여야 한다)를 말한다.

다. 제1항에 따른 신상정보는 그 정보를 제공받는 이용자와 상대방이 이해할 수 있는 언어로 작성하여야 한다.

라. 제1항에 따른 신상정보의 제공 시기 및 절차, 입증방법 등에 필요한 사항은 대통령령으로 정한다.

③ 미성년자 소개 금지

국제결혼중개업자는 결혼중개를 하는 경우에 다음 각 호의 어느 하나에 해당하는 행위를 하여서는 아니 된다.

가. 18세 미만인 사람을 소개하는 행위

나. 이용자에게 같은 시간에 2명 이상의 상대방을 소개하는 행위

다. 같은 날, 같은 장소에서 2명 이상의 이용자에게 2명 이상의 상대방을 동시 또는 순차적으로 소개하는 행위

라. 결혼중개를 목적으로 2명 이상의 외국인을 같은 장소에 기숙(寄宿)시키는 행위

정리하기

1. 「결혼중개업의 관리에 관한 법률」 제정
   결혼중개업을 건전하게 지도·관리하고 결혼중개업 이용자의 피해를 예방하여 그 이용자를 보호함으로써 건전한 결혼문화 형성에 이바지함을 목적으로 2007년에 제정됨
2. 「결혼중개업의 관리에 관한 법률」의 내용
   국제결혼중개업의 등록과 점검, 기록보존 및 부정한 방법의 모집 알선 금지, 결혼중개업 이용자의 피해 예방과 손해배상책임의 보장 등

5. 다문화가족지원법

1) 입법배경 및 목적

결혼이민자 및 그 자녀 등으로 구성되는 다문화가족이 언어 및 문화적 차이로 인하여 사회부적응과 가족구성원 간 갈등 및 자녀교육에 어려움을 가질 수 있다. 다문화가족 구성원이 우리사회의 구성원으로 순조롭게 통합되어 안정적인 생활을 영위할 수 있도록 가족상담・부부교육・부모교육 및 가족생활교육 등을 추진하고 문화의 차이를 고려한 언어통역, 법률상담 및 행정지원 등의 전문적인 서비스를 제공하도록 하는 다문화가족에 대한 지원정책의 제도적인 틀을 마련하고자 다문화가족지원법은 2008년 3월에 제정・시행되었다.

이 법은 다문화가족 구성원이 안정적인 가족생활을 영위하고 사회구성원으로서의 역할과 책임을 다할 수 있도록 함으로써 이들의 삶의 질 향상과 사회통합에 이바지함을 목적으로 한다.

2) 다문화가족지원법의 주요 내용

(1) 용어의 정의

– 다문화가족이란 재한외국인 처우 기본법의 결혼이민자와 국적법의 규정에 따라 대한민국 국적을 취득한 자로 이루어진 가족을 말한다.

– 결혼이민자 등이란 재한외국인 처우 기본법의 결혼이민자, 국적법에 따라 귀화허가를 받은 자를 말한다.

– 아동・청소년이란 24세 이하인 사람을 말한다.

(2) 주요 내용

① 국가와 지방자치단체의 책무

다문화가족 구성원들의 안정적인 가족생활과 각 분야에서 사회구성원으로서의 역할과 책임을 다할 수 있도록 국가와 지방자치단체의 책무를 규정하고 있다.

② 다문화가족 지원을 위한 기본계획의 수립과 연도별 시행계획의 수립 · 시행

여성가족부장관은 다문화가족 지원을 위하여 5년마다 다문화가족정책에 관한 기본계획을 수립하도록 규정하고 있다.

- 다문화가족 지원 정책의 기본 방향
- 다문화가족 지원을 위한 분야별 발전시책과 평가에 관한 사항
- 다문화가족 지원을 위한 제도 개선에 관한 사항

③ 다문화가족정책위원회 설치와 3년마다 다문화가족 및 현황 실태 파악과 지원을 위한 조사에 실시와 결과 공포

④ 다문화가족에 대한 이해 증진, 생활 정보 제공 및 교육지원,

⑤ 평등한 가족관계 유지, 가정폭력피해자에 대한 보호 · 지원

– (가정폭력 피해자에 대한 보호 · 지원)

- 국가와 지방자치단체는 「가정폭력방지 및 피해자보호 등에 관한 법률」에 따라 다문화가족 내 가정폭력을 예방하기 위하여 노력하여야 한다.
- 가정폭력으로 피해를 입은 결혼이민자 등을 보호 · 지원할 수 있다.
- 가정폭력의 피해를 입은 결혼이민자 등에 대한 보호 및 지원을 위하여 외국어 통역 서비스를 갖춘 가정폭력 상담소 및 보호시설의 설치를 확대하도록 노력하여야 한다.
- 결혼이민자 등이 의사소통의 어려움과 법률체계 등에 관한 정보의 부족 등으로 불리한 입장에 놓이지 아니하도록 의견 진술 및 사실 확인 등에 있어서 언어통역, 법률상담 및 행정지원 등 필요한 서비스를 제공할 수 있다.

⑥ 다문화가족 종합정보 전화 센터 및 다문화가족지원센터의 설치 및 운영 등

– 다문화가족 종합정보 전화 센터의 설치 · 운영

여성가족부장관은 다국어에 의한 상담 · 통역 서비스 등을 결혼이민자 등에게 제공하기 위하여 다문화가족 종합정보 전화 센터를 설치 · 운영할 수 있다.

– 다문화가족지원센터의 설치 · 운영 등

- 다문화가족을 위한 교육 · 상담 등 지원사업의 실시
- 결혼이민자 등에 대한 한국어교육
- 다문화가족 지원서비스 정보제공 및 홍보
- 다문화가족 지원 관련 기관 · 단체와의 서비스 연계
- 일자리에 관한 정보제공 및 일자리의 알선
- 다문화가족을 위한 통역 · 번역 지원사업
- 다문화가족 내 가정폭력 방지 및 피해자 연계 지원
- 그 밖에 다문화가족 지원을 위하여 필요한 사업

정리하기

1. 다문화가족지원법의 목적
   다문화가족 구성원이 안정적인 가족생활을 영위하고 사회구성원으로서의 역할과 책임을 다할 수 있도록 함으로써 이들의 삶의 질 향상과 사회통합에 이바지함을 목적으로 함
2. 다문화가족지원법의 내용
   다문화가족에 대한 국가 및 지방자치단체의 책무, 다문화가족지원을 위한 기본계획과 연도별 시행계획, 다문화가족정책위원회 설치, 평등한 가족관계 유지, 가정폭력피해자에 대한 보호 · 지원 다문화가족 종합정보 전화센터 및 다문화가족지원센터의 설치 및 운영

제 4 부

다문화사회복지의 실천

CHAPTER

11 다문화가족지원센터

1. 개요

다문화가족지원센터는 결혼이민자·귀화자와 대한민국 국적 취득자로 이루어진 가족을 지원하기 위하여 시·군·구 단위로 설치·운영되는 기관을 말한다. 다문화가족지원센터는 법령에 따라 다문화가족지원사업을 수행하는 일반형과 다문화가족지원사업 및 기타법령(건강가정기본법, 한부모가족지원법 등)에 의한 가족지원사업을 수행하는 건강가정·다문화가족지원 통합서비스 운영기관인 확대형으로 나누어 볼 수 있으며, 센터 설치지역을 광역단위로 구분하여 센터·관련기관 간 네트워크 구축, 방문교육지도사 교육, 관할지역센터 사업지원 등을 수행하기 위해 지정·관리하는 거점센터로 구분된다.

1) 연혁

① 범부처 차원에서 「여성결혼이민자가족의 사회통합 지원방안」을 마련(2006. 4. 26.)하여 결혼이민자가족의 사회문화적 적응 지원체계 구축을 위하여 시·군·구별로 "결혼이민자가족지원센터"(21개소)를 지정·운영한다.

② 다문화가족지원법 제정(2008. 3월 제정, 9월 시행) 및 "다문화가족지원센터"로 명칭을 변경하였다.

③ 사회복지사업법 개정(2009. 12.)으로 다문화가족지원센터의 사회복지시설로 전환하였다.

④ 다문화가족지원법 개정(2011. 4월 개정, 10월 시행)으로 다문화가족 범위가 확대되어 귀화・인지에 의한 국적취득자와 결혼이민자 등으로 이루어진 가족도 다문화가족에 포함되었다.

⑤ 다문화가족지원법 개정(2012. 2월 개정, 8월 시행)으로 다문화가족지원센터 설치 및 위탁운영 근거를 마련하였다.

2) 운영개요

(1) 사업목적

다문화가족의 안정적인 정착과 가족생활을 지원하기 위해 가족 및 자녀 교육・상담, 통・번역 및 정보제공, 역량강화지원 등 종합적인 서비스를 제공하여 다문화가족의 한국사회 조기적응 및 사회・경제적 자립지원을 도모한다.

(2) 법적 근거

다문화가족지원법 제12조(다문화가족지원센터의 설치・운영 등)

(3) 센터 설치 현황

센터 수 : 총 227개소(2020. 8월 기준)

유형		계	서울	부산	대구	인천	광주	대전	울산	세종	경기	강원	충북	충남	전북	전남	경북	경남	제주
		227	25	13	8	9	5	5	5	1	31	18	12	15	14	22	2	19	2
일반형	가	13	–	1	–	1	–	–	–	–	6	–	–	2	1	–	–	1	1
	나	19	–	5	–	–	–	3	–	–	1	–	3	–	–	1	5	–	1
확대형	가	27	11	–	1	2	–	–	–	–	6	–	1	–	2	1	1	2	–
	나	66	13	–	3	5	4	1	1	1	17	4	2	4	–	3	3	4	–
	다	4	1	–	–	–	–	–	–	–	–	–	–	–	3	–	–	–	–
	라	39	–	6	4	1	1	1	1	–	1	2	1	5	2	4	5	5	–
	마	53	–	1	–	–	–	–	3	–	–	8	5	3	6	12	9	6	–
지방비		7	–	–	–	–	–	–	–	–	–	–4	–	1	–	1	–	1	–

(4) 센터 예산지원

① **센터 유형별 예산 지원액 :** 지자체 경상보조, 국비 서울 30%, 지방 50%

(단위 : 개소, 천 원)

유형	국비지원 센터 수	개소당 지원액	비고
가	13	189,700	
나	19	151,300	

② 개소당 지원액은 국비, 지방비를 포함한 금액

③ 다문화가족 교류·소통 공간 및 거점센터 운영비 별도 추가 지원

④ **특성화 사업비 :** 지자체 경상보조, 국비 서울 30%, 지방 50% 지원

3) 사업추진체계

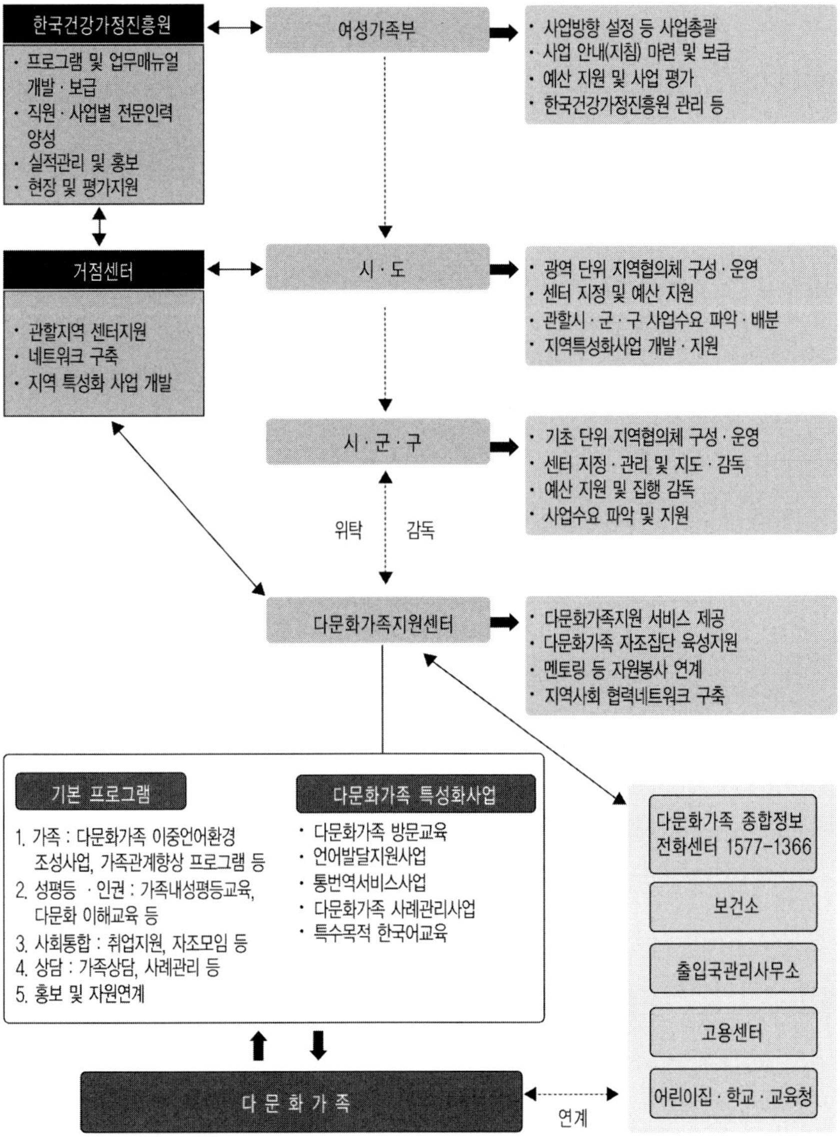

출처 : 여성가족부(2020). 2020년 가족사업안내(I), p. 145.

정리하기

1. 연혁
   - 범부처 차원에서 「여성결혼이민자가족의 사회통합 지원방안」을 마련(2006. 4. 26.)하고 결혼이민자가족의 사회문화적 적응 지원체계 구축을 위하여 시・군・구별로 "결혼이민자가족지원센터"(21개소)를 지정・운영함
   - 다문화가족지원법 제정(2008. 3월 제정, 9월 시행) 및 "다문화가족지원센터"로 명칭을 변경함
2. 운영개요
   다문화가족의 안정적인 정착과 가족생활을 지원하기 위해 가족 및 자녀 교육・상담, 통・번역 및 정보제공, 역량강화지원 등 종합적인 서비스를 제공하여 다문화가족의 한국사회 조기적응 및 사회・경제적 자립지원 도모함
3. 사업추진체계
   여성가족부가 사업을 총괄하고 한국건강가정진흥원에서 프로그램 및 업무매뉴얼 개발 보급, 시도 단위의 거점센터, 시군구 단위의 다문화가족지원센터 운영 및 관리함

2. 다문화가족지원센터의 설치・운영

1) 설치 기준

(1) 입지 조건

센터는 시설의 적정한 분포와 보건・위생・급수・안전・환경 및 교통편의 등을 충분히 고려하여 쾌적한 환경에 설치해야 한다.

(2) 구조 및 설비

센터의 구조 및 설비는 그 시설을 이용하는 사람의 연령별 특성에 맞도록 하고, 일조・채광・환기 등 이용자의 보건위생 및 재해 방지 등을 고려해야 한다.

① **사무실** : 전용공간 45㎡ 이상의 규모로 항상 활용할 수 있도록 별도 공간을 확보하고, 사무를 처리할 수 있는 설비를 갖추어야 한다.

② 상담실 : 상담 내용이 드러나지 아니하고 자연스러운 분위기에서 상담할 수 있는 구조를 갖추어야 한다.

③ 교육장

④ 언어발달교실(언어발달교실을 운영하는 경우에만 해당함) : 전용공간 16㎡ 이상의 규모로 언어발달교실 운영에 적합한 설비를 갖추어야 한다.

⑤ 비상재해대피시설 : 「소방시설설치유지 및 안전관리에 관한 법률」에서 정하는 바에 따라 소화기 및 피난기구를 갖추는 등 시설 실정에 맞도록 비상재해대피시설을 갖추어야 한다.

2) 조직 운영

(1) 직원 수

센터 기본운영비 보조금으로 지원하는 예산에 반영된 인건비 수준의 직원은 반드시 확보해야 한다(가형 5인, 나형 4인).

① 상근센터장, 상담전문인력 각 1인 포함(상담전문인력 1인을 우선 확보하며, 미채용시 동등한 자격을 갖춘 객원상담원, 자원봉사자 활용가능)

② 조직운영의 효율성을 기하고 업무추진체계를 확립하기 위해 팀장 등 중간관리자(1~2명) 임용 권장

③ 센터수탁기관의 자부담 및 외부 지원 등으로 상근 센터장 및 추가인력 확보 가능

(2) 조직 운영

센터장(1명)

교육(2명)	상담(1명)	문화(1명)
• 가족 : 다문화가족 이중언어환경 조성사업 가족관계 향상 프로그램 등 • 성평등 · 인권 : 배우자부부 교육 등 • 다문화이해교육 등 • 방문교육, 언어발달지원사업	• 개인 및 가족상담 • 집단상담 프로그램 • 전화 및 면접, 방문상담 • 사례관리 사업	• 사업통합 : 취업지원, 자조모임, 결혼이민자 정착단계별 지원패키지 프로그램(= 결혼이민자 자립지원 프로그램 등) • 홍보 및 자원연계 ※ 센터 행정 및 회계 (센처장 비상근 시 별도채용)

※ 직원 중 1명을 반드시 취업지원담당자로 지정하여야 함

※ 건가 · 다가 통합서비스 운영기관에서는 결혼이민자 정착단계별 지원패키지 프로그램(= 결혼이민자 자립지원 프로그램) 담당자 1인을 지정하여야 함

3) 운영위원회

(1) 운영위원회 설치 목적

사회복지시설운영의 민주성 · 투명성 제고 및 생활자 권익 향상 등을 위해 사회복지시설 운영위원회를 설치 · 운영한다(의무사항).

(2) 운영위원회의 구성

① 위원회는 위원장 및 센터장 각 1인을 포함하여 5인 이상 15인 이하 위원으로 구성한다(결혼이민자 1인 반드시 포함).

② 위원회의 위원은 아래에 해당하는 자 중에서 관할 시장 · 군수 · 구청장이 임명 또는 위촉한다.

- 센터장
- 센터 이용자 대표
- 센터 직원의 대표

- 센터 이용자의 보호자 대표
- 해당 시·군·구 소속의 사회복지업무를 담당하는 공무원
- 후원자 대표 또는 지역주민
- 공익단체에서 추천한 사람
- 그 밖에 센터의 운영 또는 사회복지에 관하여 전문적인 지식과 경험이 풍부한 자
  * 센터장의 친인척 등 센터장과 특수관계가 명확한 자는 가급적 위원에서 제외

③ 위원장은 호선, 위원의 임기는 3년으로 하되 연임할 수 있고 보궐위원의 임기는 전임자의 잔임 기간으로 한다.

(3) 운영위원회의 심의사항(사회복지사업법 제36조 제1항)

- 운영계획의 수립·평가에 관한 사항
- 프로그램의 개발·평가에 관한 사항
- 직원의 근무환경 개선에 관한 사항
- 직원의 인권보호 및 권익증진에 관한 사항
- 센터와 지역사회와의 협력에 관한 사항(지역사회복지협의체 등과 네트워크 구축)
- 그 밖에 센터장이 운영위원회의 회의에 부치는 사항
  ☞ 운영위원회에서 논의된 사항 중 합리적인 사항은 시·군·구 복지 정책에 반영될 수 있도록 하고 필요할 경우 시·도, 부처 등에 정책 건의

(4) 운영위원회 보고사항(사회복지사업법 제36조 제3항)

- 센터의 회계 및 예산·결산에 관한 사항
- 후원금 조성 및 집행에 관한 사항
- 그 밖에 센터운영과 관련된 사건·사고에 관한 사항

(5) 운영위원회의 운영

① 회의의 개최

- 정기회의 : 분기별 1회 이상 정기회의 개최
- 수시회의 : 운영위원회 운영 규칙에 규정한 회의개최 요건에 해당할 경우 (재적위원 1/3의 요청이 있을 경우 등) 수시회의 개최
- 회의의 공개 : 위원회의 회의는 센터직원, 등에게 공개를 원칙으로 하되, 개인정보보호 등 불가피한 사유 시 위원장이 비공개 결정을 할 수 있다 (비공개 사유는 공개해야 함).

② 회의록의 작성 및 보고

위원회의 간사는 매년 1회 정기 및 수시회의의 결과를 간략하게 요약하여 정본은 위원회에 보관하고 사본 1부는 시・군・구청장에게 제출해야 한다.

③ 기타 사항

- 위원회 운영에 필요한 예산은 원칙적으로 운영비에서 지출
- 회의 수당, 회의 장소 등 위원회 운영에 세부적인 사항은 운영위원회 자율적으로 결정

정리하기

1. 설치 기준

   센터는 시설의 적정한 분포와 보건・위생・급수・안전・환경 및 교통편의 등을 충분히 고려하여 쾌적한 환경에 설치
2. 조직 운영

   상근 센터장 및 상담전문인력을 포함한 추가인력 확보
3. 운영위원회

   위원회는 위원장 및 센터장 각 1인을 포함하여 5인 이상 15인 이하 위원으로 구성(결혼이민자 1인 반드시 포함)하며, 관할 시장・군수・구청장이 임명 또는 위촉

3. 다문화가족지원센터의 주요 사업

1) 가족

다문화가족지원센터의 가족 관련 사업으로는 공통필수사업과 선택사업으로 나뉘며, 공통필수 사업에는 '다문화가족 이중언어 환경조성프로그램(연간 10시간)', '다문화가족 학령기 자녀 입학 및 입시 정보 제공(부모대상, 연간 4시간)' 프로그램이며, 선택사업으로는 '가족의사소통프로그램', '가족관계향상프로그램', '결혼과 가족의 이해', '가족의 의미와 역할', '아버지 교육', '자녀교육프로그램' 등 연간 필수 14시간, 선택 26시간 이상을 진행하여야 한다.

가족 프로그램 운영 시 유의할 점은 일회성 또는 행사성 사업을 지양하고 학생 관련 프로그램은 교육청 사업과 중복하여 실시되지 않도록 주의하여야 한다.

공통필수	선택(예시)	비고
• 다문화가족 이중언어 환경조성프로그램 (연간 10시간) • 다문화가족 학령기 자녀 입학 및 입시 정보 제공 (부모 대상, 연간 4시간) ※ 상・하반기 각 1회	• 가족의사소통프로그램 • 가족관계향상 프로그램 • 결혼과 가족의 이해 • 가족의 의미와 역할 • 아버지교육 • 부모-자녀관계 및 자긍심향상프로그램 • 자녀교육프로그램 • 부모역할교육, 자녀건강지도 • 자녀생활지도 • 자녀성장지원사업 등	연간 필수 14시간, 선택 26시간 이상 (이중언어코치 배치 센터는 공통필수 중 이중언어환경조성 프로그램 160시간 이상)

2) 성평등 · 인권

성평등 · 인권 관련 사업도 공통필수사업과 선택사업으로 나뉘며, 공통필수사업에는 '가족 내 성평등 교육', '다문화 이해교육', '인권감수성 향상 교육' 등이며, 선택사업으로는 '이주여성 대상 프로그램', '다문화가족 관련 법과 제도', '이주민과 인권', '찾아가는 폭력예방교육' 등 연간 20시간 이상을 진행하여야 한다.

공통필수	선택(예시)	비고
• 가족 내 성평등 교육 • 다문화이해교육 • 인권감수성 향상교육 • 이주여성과 한국인 배우자 · 부모 대상 프로그램(多함께 프로그램) 등(2시간) • 폭력피해 대처 및 예방교육	• 이주여성 대상 프로그램 • 다문화가족 관련법과 제도 • 이주민과 인권 • 찾아가는 폭력예방교육	20시간 이상 실시

3) 사회통합

사회통합 관련 사업도 공통필수사업과 선택사업으로 나뉘며, 공통필수 사업에는 '취업기초소양교육', '다문화가족 나눔봉사단 소양교육(4시간) 및 활동' 등이며, 선택사업으로는 '한국사회 적응교육', '소비자·경제교육', '다문화가족 자조모임', '다문화인식개선', '결혼이민자 멘토링 프로그램' 등 15시간 이상을 실시하여야 한다.

공통필수	선택(예시)	비고
• 취업기초소양교육 • 구직자 발굴시 e새일시스템과 연계된 워크넷 등록 및 새일센터로 적극 연계 • 새일센터의 결혼이민자 대상 직업교육훈련 개설 시 적극 협조(교육과정 설계·모집 등)		e새일시스템과 연계된 워크넷 등록 및 새일센터 연계 (10건 이상)
• 다문화가족 나눔봉사단 소양교육 (4시간 이상) • 다문화가족 나눔봉사단 활동	• 한국사회 적응교육 • 소비자·경제교육 • 학업지원반 운영 및 연계 • 다문화가족 자조모임 • 다문화인식개선 • 결혼이민자 멘토링프로그램 • 결혼이민자 정착단계별 지원 패키지프로그램(=결혼이민자 자립지원 패키지 프로그램) 등 – (미래찾기, 길찾기 등 미래설계 프로그램 중 선택) * 건가·다가 통합서비스 운영기관은 공통 필수 사업으로 실시 • 재난안전교육 • 다문화가족 교류·소통 공간 • 선거교육	15시간 이상 실시 (봉사자 소양교육 필수 4시간 포함)

4) 상담

상담 관련 사업도 공통필수사업과 선택사업으로 나뉘며, 공통필수 사업에는 '가족상담' 등이며, 선택사업으로는 '개인상담', '집단상담', '사례관리', '위기가족 긴급지원', '외부상담기관 연계' 등 연간 80회기 이상을 실시하여야 한다.

공통필수	선택(예시)	비고
• 가족상담	• 개인상담 • 집단상담 • 사례관리 • 위기가족 긴급지원 • 외부상담기관 연계 등	연간 80회기 이상

5) 홍보 및 자원연계

홍보 및 자원연계 관련 사업은 '지역사회 홍보', '지역사회 네트워크', '찾아가는 결혼이주여성 '다이음'', '홈페이지 운영' 등이며 센터 홈페이지 게시판에 익월 프로그램에 대한 안내글을 매월 30일까지 게시하여야 한다.

세부프로그램 영역	비고
• 지역사회 홍보 • 지역사회네트워크 • 찾아가는 결혼이주여성 '다이음' • 홈페이지 운영	센터 홈페이지 프로그램 안내 게시판에 익월 프로그램에 대한 안내글 게시(매월 30일까지)

정리하기

1. 가족

   다문화가족 이중언어환경조성 프로그램, 다문화가족 학력기 자녀 입학 및 입시정보 제공

2. 성평등 · 인권

   가족 내 성평등 교육, 다문화이해교육, 인권감수성 향상교육, 이주여성과 한국인 배우자 · 부모 대상 프로그램(多함께 프로그램) 등(2시간), 폭력피해 대처 및 예방교육

3. 사회통합

   취업기초소양교육, 구직자 발굴시 e새일시스템과 연계된 워크넷 등록 및 새일센터로 적극 연계, 새일센터의 결혼이민자 대상 직업교육훈련 개설 시 적극 협조, 다문화가족 나눔봉사단 소양교육 (4시간 이상), 다문화가족 나눔봉사단 활동

4. 상담

   가족상담

5. 홍보 및 자원연계

   지역사회 홍보, 지역사회네트워크, 찾아가는 결혼이주여성 다이음, 홈페이지 운영 등

CHAPTER 12 다문화 관련 주요 지원기관

1. 건강가정 · 다문화가족지원센터

1) 개요

건강가정 · 다문화가족지원센터는 통합서비스 운영기관으로 건강가정기본법 및 다문화가족기본법에 의하여 설치 · 운영되고 가족의 유형별로 이원화(건강가정지원센터, 다문화가족지원센터)되어 있는 가족지원서비스를 가족의 유형에 상관없이 한 곳에서 다양한 가족에 대한 보편적이고 포괄적인 서비스를 제공하는 시 · 군 · 구 단위의 센터를 말한다. 통합서비스 운영기관은 다문화가족지원센터의 확대형으로 분류된다.

(1) 사업 목적

(건강가정기본법) 가족의 유형별로 이원화되어 있는 가족지원서비스를 가족의 유형에 상관없이 한 곳에서 다양한 가족에 대한 보편적이고 포괄적인 서비스 제공과 (다문화가족지원법) 다문화가족의 안정적인 정착과 가족생활을 지원하기 위해 가족 및 자녀 교육 · 상담, 통 · 번역 및 정보제공, 역량강화 지원 등 종합적인 서비스를 제공하여 다문화가족의 한국사회 조기적응 및 사회 · 경제적 자립지원 도모를 목적으로 한다.

(2) 통합서비스 운영기관의 역할

- 지역사회 내 가족구성원을 위한 1차적 가족지원서비스 제공
- 지역단위 건강가정지원 및 다문화가족지원 업무 실시

- 지원시간 및 지원대상 확대 등을 통한 가족지원서비스 접근성 향상
- 다문화 · 한부모 · 조손가족 등에 대한 맞춤형 가족역량 강화 서비스 지원
- 지역사회 유관기관과의 연계를 통한 통합적 가족지원서비스 제공
- 지역사회에 맞는 가족특성화 서비스 및 정보제공

(3) 다문화가족지원협의회

- 다문화가족지원협의회는 시 · 도(광역) 및 시 · 군 · 구(기초)별 다문화가족 관련 사업에 관한 협의 · 조정 및 효과적인 서비스 연계 등을 위하여 구성 · 운영한다.
- 회의 개최 : 연 2회 원칙(필요시 수시)
  - 지자체 특성에 따라 필요시 '외국인주민지원협의체' 등과 통합 운영 가능
- 주요 협의사항

  가. 지자체 다문화가족정책 시행계획의 수립 · 시행 및 평가에 관한 사항

  나. 다문화가족 관련 지자체, 교육청, 민간 등 유관기관 사업의 총괄 · 조정 및 연계 · 협력에 관한 사항

  다. 일회성 · 시혜성 사업의 장기적인 역량강화사업으로의 개편 등 다문화가족 지원사업의 내실화에 관한 사항

  라. 지역 내 다문화가족 관련 사업수요 파악 및 지역 특성에 맞는 다문화가족 관련 사업 개발 · 지원에 대한 사항

  마. 지역사회 다문화수용성 제고 및 다문화가족의 정책 및 사회참여 활성화에 관한 사항 등

2) 조직 운영

(1) 조직 구성

① 센터 조직은 지자체와 협의하여 지역의 여건 및 특성에 맞는 모형(대상별 분류형/ 기능별 분류형)으로 구성 가능하다.

② 센터장－팀장－팀원의 직위를 부여하고, 체계적으로 조직이 운영될 수 있도록 한다.

③ 조직 및 인력현황은 방문자들이 알 수 있도록 조직도와 담당 업무표를 만들어 센터 내/ 외, 홈페이지 등에 게시하여야 한다.

(2) 운영위원회의 구성

통합서비스 운영기관은 민주성·투명성 제고 및 생활자 권익 향상, 지역사회 유관기관과의 네트워크 구축 및 정보 교류 등을 위해 운영위원회를 설치·운영하여야 한다.

① 운영위원회는 위원장을 포함하여 5인 이상 15인 이하 위원으로 구성하고, 사회복지사업법 36조 제2항 각 호 중 같은 호에 해당하는 위원이 2명을 초과해서는 안된다.

② 운영위원회의 위원은 관할 지방자치단체의 장이 임명 또는 위촉할 수 있으며, 센터장과 특수 관계가 명확한 자는 위원에서 제외시켜야 한다.

3) 주요 사업

(1) 주요 사업

통합서비스운영기관은 가족의 안정성 강화 및 가족관계 증진을 위한 가족지원서비스 확대, 다문화가족 및 한부모가족 등 다양한 가족유형에 대한 긍정적 인식 제고 및 교류 활성화를 통해 가족포용성 향상을 도모하기 위하여 다음과 같은 주요 사업을 운영한다.

① 가족관계

부모역할 및 가족관계 개선, 가족의사소통, 가족구성원의 역량강화를 위한 맞춤형 서비스 지원, 가족형태·생애주기·문제유형별 가족 갈등과 문제 해결, 성평등·인권의식 고취를 위한 교육·상담·문화프로그램 등을 운영한다.

② 가족돌봄

가족 구성원의 일시적 장기적 부재, 상황적 위기 등으로 가족기능이 약화된 가족에 대한 돌봄서비스 지원, 가족 유형 특성에 따른 맞춤형 가족기능 강화 서비스를 운영한다.

③ 가족생활

가족특성에 따른 고충상담, 생활정보제공, 초기정착 지원 등 맞춤형 가족생활 프로그램을 운영한다.

④ 가족과 함께하는 지역공동체

양성평등한 가족문화, 지역사회 공동체 문화, 가족친화 사회 환경 조성, 다문화 인식개선 등 가족과 지역사회연계 프로그램을 운영한다.

〈표 12-1〉 영역별 주요 사업

사업영역	기본사업	비고
가족관계	부모역할 지원(임신출산(부모)지원, 영유아기 부모지원, 학부모지원, 혼례가치교육, 아버지 역할 지원), 부부역할 지원(부부갈등예방·해결지원, 노년기 부부지원), 이혼 전·후 가족지원, 다문화가족 관계향상 지원, 다문화가족 이중언어 환경조성, 다문화가족 자녀성장지원, 가족상담	교육, 상담 (정보제공 및 초기상담), 문화프로그램 등
가족돌봄	가족역량강화지원, 다문화가족 방문서비스	교육, 상담(정보제공 + 초기상담 → 전문상담) 돌보미 파견, 사례관리 등

가족생활	맞벌이가정 일가정양립지원, 다문화가족 초기정착지원, 결혼이민자 통번역 지원, 결혼이민자 취업지원	교육, 상담, 정보제공, 문화프로그램 등
가족과 함께하는 지역공동체	가족봉사단(다문화가족 나눔봉사단), 공동육아나눔터(가족품앗이), 다문화가족 교류・소통공간 운영, 가족사랑의 날, 결혼이민자 정착단계별 지원 패키지, 인식개선 및 공동체의식, 가족친화문화프로그램, 찾아가는 결혼이주여성 다이음사업	모임, 활동, 문화프로그램 등

(2) 별도 예산의 의한 추진사업

① 아이돌봄 지원 사업

취업 부모들의 양육부담을 경감하고 가정에서의 개별 양육을 희망하는 수요에 탄력적으로 부응하기 위해 가정으로 아이돌보미를 파견하여 가정 내 개별 돌봄 서비스를 제공하는 사업

② 가족역량강화 지원사업

가족기능이 취약한 한부모・조손가족 등과 경제・사회적 위기사건을 직면한 긴급위기가족에 대한 가족기능 및 역량강화 지원

③ 권역별 미혼모・부자 거점기관 운영지원 사업

미혼모・부가 자녀를 스스로 양육하고자 할 경우 초기위기에 대처할 수 있도록 상담, 출산비 등 병원비, 교육문화프로그램 및 자조모임 등 서비스를 제공함으로써 양육 및 자립 지원

④ 공동육아나눔터 사업

- 지역의 육아를 담당하는 부모들이 함께 자녀를 양육할 수 있는 공동육아나눔터 지원
- 가족이 가진 여러 가지 자원을 품 나누는 가족 품앗이 활동 지원

⑤ 다문화가족 자녀 언어발달 지원 사업

언어발달 교육이 필요한 자녀와 부모 대상 교육 및 상담서비스를 제공하는 사업

⑥ 다문화가족 사례관리 사업

다문화가족의 복합적·만성적 문제해결을 위하여, 다문화가족지원센터 내·외부 자원 연계 등을 통한 맞춤형 종합 서비스를 제공하는 사업

⑦ 한국어 교육 사업

결혼이민자, 중도입국자녀가 한국어를 학습하여 한국의 일상생활과 사회생활에 적응할 수 있도록 지원하기 위하여 다문화가족지원센터를 통하여 한국어교육 실시

정리하기

1. 개요

가족의 유형별로 이원화되어 있는 가족지원서비스를 가족의 유형에 상관없이 한 곳에서 다양한 가족에 대한 보편적이고 포괄적 서비스 제공과 다문화가족의 안정적인 정착과 가족생활을 지원하기 위해 가족 및 자녀 교육·상담, 통·번역 및 정보제공, 역량강화지원 등 종합적인 서비스를 제공하여 다문화가족의 한국사회 조기적응 및 사회·경제적 자립지원 도모

2. 조직 운영

- 기초지자체와 협의하여 체계적으로 운영
- 민주성·투명성 제고 및 생활자 권익 향상, 지역사회 유관기관과의 네트워크 구축 및 정보 교류 등을 위해 운영위원회를 설치·운영

3. 주요 사업

가족관계, 가족돌봄, 가족생활, 가족과 함께하는 지역공동체의 각 영역별 기본사업과 별도 예산에 의해 추진하는 사업

2. 외국인노동자 지원기관

1) 개요

고용노동부는 문화적 차이와 언어소통의 한계로 인해 여러 가지 어려움을 겪고 있는 외국인노동자에 대한 고충상담, 한국어, 생활법률, 정보화 교육 등을 지원하여 외국인 노동자들의 국내생활 적응 지원 및 원활한 취업활동 촉진과 중소기업 사업주의 원활한 인력 활용을 도모하고자 외국인노동자지원센터와 외국인력상담센터를 운영한다.

외국인노동자지원센터는 「외국인근로자의 고용 등에 관한 법률」에 의하여 2004년 12월에 외국인 근로자의 인권신장과 복지증진을 위해 고용노동부가 설립하고, 관리·감독한다. 외국인근로자들을 대상으로 한국어 교육과 그들이 겪는 어려운 문제에 대한 해결을 돕고, 공동체를 위한 문화행사 지원 등을 제공하고 있으며, 이를 통해 외국인근로자들에게 한국의 국가 이미지를 향상시키고자 한다. 또한 외국인력상담센터는 외국인노동자와 외국인고용사업주들의 고충해결을 위해 외국인노동자를 위한 현지 언어 지원서비스를 제공하고 있다.

2) 외국인노동자 지원기관

(1) 외국인노동자지원센터

운영기관은 상담, 교육사업, 센터 전반에 대한 운영을 담당한다.

① **거점센터**(9개소) : 서울, 의정부, 김해, 창원, 인천, 대구, 천안, 광주, 양산

② **소지역센터**(35개소) : (사)한국이주노동자복지회(서울), 인천외국인노동자센터(인천), 대전이주외국인종합복지관(대전), (사)삼산거주외국인지원협회(부산), (사)울산외국인센터(울산), (사)제주외국인평화공동체(제주) 등

(2) 외국인력상담센터

외국인노동자와 외국인고용사업주가 시간과 장소에 구애됨 없이 전화상담을 통해 신속하게 고충을 해결할 수 있도록 지원하기 위하여 외국인노동자 및 외국인 고용사업주에 대한 통합상담서비스(one call total서비스)를 제공한다.

① 외국인노동자를 위한 현지 언어 지원 서비스

영어, 베트남, 태국, 필리핀, 인도네시아, 스리랑카, 중국어, 몽골, 우즈벡, 캄보디아 등 고용허가제 송출국 16개국 언어

② 상담시간 : 09:00~18:00(연중무휴)

- 현지어 상담원 배치, 전국 어디서나 전화로 유선 상담
- 상담시간 이후 상담 예약시 익일 근무시간 개시 후 즉시 전화로 답변(Call Back)제도 운영

③ 외국인노동자의 사회적응 지원에 필요한 행정·생활기본 정보 안내

3) 주요 사업

(1) 운영의 기본 원칙

외국인노동자지원센터의 사업은 아래의 기본원칙에 따라서 사업을 수행한다.

① 중앙센터의 원칙

한국정부가 외국인근로자에 대하여 최초로 설립한 기관으로서의 위상을 가지고 국내에 거주하는 전체 외국인근로자들과 외국인근로자를 지원하는 민간단체들을 지원하며 정부와 민간의 바람직한 교류와 협력의 역할을 담당한다.

② 전문성의 원칙

외국인근로자의 다양한 문제의 본질을 파악하고 사전 예방적 측면에서 해결되도록 프로그램의 전문성과 활동가의 식견을 높이기 위한 직원의 지속적인 재교육과 훈련을 실시하여야 한다.

③ 책임성의 원칙

센터를 이용하는 외국인근로자들에게 효과적이고 효율적인 서비스를 제공하기 위하여 책임을 다하려는 다각적인 노력을 기울여야 한다.

④ 자율성의 원칙

외국인근로자들에게 다양한 복지서비스를 제공하기 위하여 능력과 전문성이 발휘될 수 있는 자율적인 운영이 되어야 한다.

⑤ 통합성의 원칙

사업을 수행함에 있어 전국의 공공 및 민간 단체간의 연계성과 통합성을 강화시켜 외국인근로자 지원사업이 효율적이고 효과적으로 운영되어야 한다.

⑥ 자원 활용의 원칙

외국인근로자의 다양한 욕구에 부응하기 위하여 다양한 국내 복지 지원시설 및 프로그램을 최대한 동원하여 활용하여야 한다.

⑦ 중립성의 원칙

센터는 정치활동 영리활동 특정 종교 활동 등으로 이용되지 않도록 중립성이 유지되어야 한다.

(2) 주요 사업

① 상담

외국인노동자 및 사업주에 대한 고충상담 및 갈등 중재로 애로사항 해결을 지원한다. 주요 상담내용은 임금체불, 산업재해, 사기, 폭행, 사업장 변경, 강제노동·착취, 최저임금, 퇴직금, 근로시간·휴일, 근로조건·계약, 출입국관리법 등이다.

② 교육

외국인노동자의 의사소통 능력 및 국내취업에 필요한 제반 법규 등 교육을 실시한다. 외국인 노동자들의 안정적인 한국 생활 적응과 원만한 사회생활을 위해 한국어 교육, 컴퓨터 교육, 태권도 교육, 귀국지원교육, 법률교육 등의 프로그램을 운영한다.

③ 문화행사

한국문화 등 다문화에 대한 이해와 상호 간 교류의 장을 마련하기 위해 국가별 명절이나 기념일 행사, 스포츠 대회 등의 문화행사를 개최한다.

④ 정보제공

고용허가제 관련 정보를 제공한다.

〈표 12-2〉 주요 사업

구 분	주요 사업
상 담	• 외국인근로자와 사용자에 대한 통역지원 및 고용허가제, 노동관계법, 출입국 체류 관리절차, 생활법률 등 고충상담
교 육	• 정규교육 : 한국어교육, 정보화교육 • 비정규교육 : 산업안전교육, 법률교육, 귀국의식교육
문 화	• 국가별 명절 및 기념일 행사, 스포츠 대회, 한국 명절
특성화	• 무료 진료, 태권도, 운전면허 교육

정리하기

1. 개요
   문화적 차이와 언어소통의 한계로 인해 여러 가지 어려움을 겪고 있는 외국인 노동자에 대한 고충상담, 한국어・생활법률・정보화 교육 등 지원
2. 조직 운영
   - 외국인노동자지원센터
   - 외국인력 상담센터
3. 주요 사업
   상담, 교육, 문화행사, 정보제공

3. 북한이탈주민지원재단(남북하나재단)

1) 개요

(1) 북한이탈주민 정착지원 관련 법령 및 정책

1997년 제정된 「북한이탈주민의 보호 및 정착지원에 관한 법률」(이하 북한이탈주민법)은 2010년 전문 개정을 통해 북한이탈주민과 정착지원의 개념을 정의하면서 대한민국에서 신속히 적응・정착하는 데 필요한 보호 및 지원으로 규정하였다. 이를 위해 인도주의에 입각하여 특별히 보호할 것, 외국에 체류하는 북한이탈주민을 위해 외교적 노력을 기울일 것, 북한이탈주민의 빠른 적응을 위해 노력할 것, 북한이탈주민의 실태를 파악하여 정책에 반영할 것 등 4대 기본 원칙을 마련하였다. 2014년에는 북한이탈주민법을 개정하여 정착지원에 관한 기본계획 및 시행 계획을 수립하는 한편 교육, 직업훈련 및 고용 촉진, 고용 유지, 의료지원과 생활보호, 주거 지원, 사회통합 및 인식 개선 등에 관한 사항을 포함하였다. 2014년 12월에는 「제1차 북한이탈주민 정착지원 기본계획(2015~2017)」을 수립하고, 북한이탈주민의 취업과 자산형성지원(미래행복통장) 등 자립・자활역량을 강화하고 중앙과 지방 및 민간과 협업체

계를 구축하여 정착지원의 효율성을 제고하고자 노력하였다. 2018년「제2차 북한이탈주민 정착지원 기본계획(2018~2020)」에서는 북한이탈주민의 삶의 질을 개선하기 위한 생활밀착형 북한이탈주민 정책 추진 방향을 정립하고, 북한이탈주민들의 실생활에 도움이 되는 정책들을 발굴하기 위해 노력하고 있다.

(2) 설립목적

북한이탈주민지원재단(이하 남북하나재단)은 북한이탈주민법 제30조에 따라 북한이탈주민에 대한 보호 및 정착지원을 위한 사업과 정부로부터 위탁받은 업무를 수행함으로써 북한이탈주민의 자립정착 및 통일 환경 조성에 기여함을 목적으로 2011년 5월부터 운영하고 있다.

(3) 주요 전략과 과제

남북하나재단은 설립목적을 달성하기 위해 사회적응력 제고 및 남한 사회 안착 도모 등의 전략과 이에 따른 전략과제를 설정하여 업무를 추진하고 있으며, 구체적인 내용은 <표 12-3>과 같다.

〈표 12-3〉 주요 전략과 전략별 과제

주요 전략	전략과제
사회적응력 제고 및 남한 사회 안착 도모	- 생활밀착형 정착지원 서비스 확대 - 정착지원 현장역량 및 지역사회 연계 강화 - 취약계층 맞춤형 지원체계 개선
탈북민 자립기반 조성	- 탈북민 취업지원 확대 - 다양한 일자리 창출 연계 - 인적자본을 통한 직업역량 강화
학업적응 및 통일 미래 인재 양성 기반조성	- 학습역량 제고 및 통일 미래 인재 양성 - 탈북청소년의 학교 적응력 강화 - 보호 및 인재 양성을 위한 교육환경 조성
통일미래 사회통합 환경 조성	- 탈북민 관련 대국민 인식 제고 - 남북주민 사회통합 능력 제고 - 민관협력 확대를 통한 대외역량 강화

출처 : 남북하나재단 홈페이지(2020). 재단소개/ 기관소개.

2) 조직 구성

남북하나재단은 2010년 11월 1실-1센터-5부 조직으로 출범하여, 2014년부터 2019년까지는 5부 -2팀의 직제가 유지되었으나, 2020년부터 기존 조직에 본부제를 도입하여 사업의 내실화와 경영관리 고도화를 위한 발판을 마련하였다. 구체적인 조직 현황 및 업무는 표와 같다.

〈표 12-4〉 남북하나재단 조직 현황 및 주요 업무

구분		주요 업무	비고
경영기획본부	전략기획부	신규 사업 및 정책개발 등	
	경영지원부	인사 및 보수관리 등	
	대외협력부	홍보전략 개발 및 사업기획, 북한이탈주민 관련 국민 인식개선 등	
	정보보호팀	정보보호 종합대책 수립 추진 및 개선	
사업운영본부	생활안정부	초기 정착지원 및 하나센터 실태점검, 운영지원 등	
	자립지원부	통일형 예비사회적기업 지정 및 지원 등	
	교육지원부	교육지원금 및 장학금 지원, 통일전담교육사 활용 탈북 학생 학교적응 지원 등	
	조사개발팀	북한이탈 주민 실태조사 및 통계 구축 사업 등	

출처 : 남북하나재단 홈페이지(2020). 재단소개/ 조직구성.

3) 주요 사업

남북하나재단은 정부의 공공시스템을 대신하기 위해서 설립된 것이 아니라 양적·질적으로 증가하는 정착지원 수요에 대처하고, 민·관의 정착 지원 체계 조정과 효율적인 역할 분담의 필요에 따라 설립되었고, 이러한 목적을 달성하기 위해 사업을 추진하고 있다. 또한 북한이탈주민에 대한 사업 수행에서는 전혀 다른 체제에 적응해야 한다는 점, 통일·통합 시대의 중요한 인적자산이라는 점, 통일시대의 성공적인 남북 주민의 통합 가능성을 견인하는 경험이라는 특수성이 고려되어야 한다. 이를 달성하기 위한 분야별 주요 사업을 살펴보면 표와 같다.

〈표 12-5〉 남북하나재단 분야별 주요 사업

분야	주요 사업
초기 정착 및 생활 안정 지원	• 거주지 안내, 지역사회 적응 지원 • 북한이탈주민 개인별 1:1 맞춤형 사례관리(하나원 생애설계와 연계) • 의료 지원, 생계 안정 지원, 무연고 사망자 장제 및 안치 지원 • 주택 미배정자 등 취약계층 공공생활시설 지원 • 전국 25개 하나센터 관리 및 평가, 전문상담사 관리 및 평가 • 하나센터 종사자 역량 강화 교육/ 콜센터, 심리안정센터 운영 • 가산금 지급 및 관리
자립·자활 지원	• 통일형 예비사회적기업 지정·지원/ 북한이탈주민 자활사업 운영·지원 • 영농 희망자 교육 등 육성 및 영농 정착자 경쟁력 제고 • 창업자 지원(소규모 창업 지원, 기 창업자 안정화 지원, 창업 컨설팅 등) • 취업지원센터 운영/ 취업 바우처, 온라인 직업 교육, 전문직 양성 사업 • 청소년 대상 청년취업아카데미 운영/ 미래행복통장 지급 및 관리
교육 개발 및 지원	• 탈북청소년 및 대학생 대상 장학금 지원 • 진로진학 지원 및 예비대학 운영/ 글로벌 인재 육성 • 대학생 리더 육성 • 청소년 교육 및 시설 운영·지원(대안학교 및 방과후 공부방 등) • 탈북청소년 학력 증진 지원/ 교육지원금 지급 및 관리
주민통합 및 상호 인식 제고	• 남북 주민 상호 인식 제고/ 북한이탈주민 봉사단 운영·지원 • 국제 협력 네트워크 구축 및 북한이탈주민 지원 거버넌스 강화 • 기부금 조성 및 운영
정책 개발연구	• 북한이탈주민 실태조사 • 정착지원 관련 정책 연구 및 개발 • 정착지원 분야 연구커뮤니티 활성화 • 정착지원 관련 정보자료관 운영

출처 : 북한이탈주민지원재단(2020). 북한이탈주민과 함께한 10년.

정리하기

1. 개요

남북하나재단은 북한이탈주민법 제30조에 따라 북한이탈주민에 대한 보 호 및 정착지원을 위한 사업과 정부로부터 위탁받은 업무를 수행함으로써 북한이탈주민의 자립정착 및 통일환경 조성에 기여함을 목적으로 운영되고 있으며, 사회적응력 제고 및 남한 사회 안착 도모, 탈북민 자립기반 조성, 학업적응 및 통일 미래 인재 양성 기반조성, 통일미래 사회통합 환경 조성을 위한 노력을 기울이고 있음.

2. 조직운영

남북하나재단은 2010년 11월 1실－1센터－5부 조직으로 출범하여, 2014년부터 2019년까지는 5부 2팀의 직제가 유지되었으나, 2020년부터 기존 조직에 본부제를 도입하였음

3. 주요 사업

남북하나재단의 주요 사업은 초기 정착 및 생활 안정 지원, 자립·자활 지원, 교육 개발 및 지원, 주민통합 및 상호 인식 제고, 정책 개발연구로 구성되어 있음

CHAPTER 13

다문화복지의 실천과 발전방향

1. 다문화복지의 실천

1) 다문화복지실천의 개념

한국 사회에서의 다문화복지실천의 대상은 북한이탈주민, 다문화가족, 외국인 이주노동자로 대표된다. 특히 2000년대 이후 급증한 다문화가족의 불안정적 정착과 인권침해 문제 등의 사회적 문제가 대두되면서 다문화사회복지실천은 그 사회의 변화에 맞추어 적응해 왔다. 그러면서 우리나라 다문화복지의 실천은 북한이탈주민에 대한 정착 지원, 다문화가족에 대한 복지정책, 외국인을 대상으로 하는 지원정책으로 발전되어 왔다.

사회복지 영역에서 다문화사회복지 또는 다문화사회복지실천이라는 개념이 등장한 것도 우리나라에 인종적 · 민족적 다양성이 증가하면서 나타나게 되었다. 다문화복지와 관련하여 럼(Lum, 2003)은 다문화사회복지실천을 "사람들 사이에 존재하는 다양성과 차이점을 존중하고 원조관계에서 작용하는 문화적 요소를 인식하는 사회복지실천"이라고 정의하였다. 다양한 이유로 국내에 유입된 다문화 구성원들은 한국 사회에서 문화적 충격(culture shock)으로 인한 문화 적응 스트레스, 언어적인 차이로 인한 의사소통의 어려움, 열악한 사회경제적 지위 등의 어려움을 겪게 되면서 사회복지, 교육, 의료 등 휴먼서비스의 다양한 영역에서 사회복지서비스를 필요로 하고 있다(장은동, 2012).

따라서 한국 사회는 결혼이주여성을 비롯한 다문화 가정, 외국인이주노동자, 북한이탈주민 등 인종적, 민족적 다양성이 증가하면서 다문화복지 또는 다문화사회복지를 실천해야 하는 상황이 되었다. 다문화복지는 특정 대상이나 현장에 국한하지 않고 문화적 요소를 고려하여 기존의 사회복지실천을 재해석 또는 발전적으로 해석하고 적용하는 것이 바람직하다(최명민 외, 2010). 즉, 다양성에 대한 개방적 시각, 사회적 소수자에 대한 인권 의식, 문화적 다양성에 대한 강점 중심의 시각 등을 바탕으로 문화적 민감성이나 문화적 역량이 다문화복지 실천의 가장 기본적이고 중요한 요소로 다루어지고 있다.

2) 다문화복지실천의 전개

다문화복지실천에 대한 관심은 1970년대 미국사회복지교육협의회에서 '인종적 소수집단에 대한 개념과 이슈'를 공식적으로 언급하였고, 이에 대한 교육 내용 및 제도를 포함시키고자 노력하면서 집중적인 관심을 가지기 시작하였다. 그러나 그 이후에도 미국의 사회복지사들은 문화적 다양성과 관련된 다문화복지 실천기술이 숙련되기까지 상당한 시간과 노력이 소요되었다(최명민 외, 2017).

이러한 다문화복지 실천의 전개 상황에 대하여 럼(Lum, 2004: 12−21)은 5단계로 구분하였다.

① 1단계 : 권력(power)

1970년대 중반 흑인을 중심으로 한 인종의 문제는 '권력'의 역학 관계 속에서 이해하게 되었으며, 이에 대한 해결 방법으로 임파워먼트의 측면에서 접근하게 되었다.

② 2단계 : 인종적 소수자(ethnic minority)

인종적 소수자라는 개념이 등장하면서 다수에게 영향을 받는 소수자에 대하여 관심을 가지게 되었다.

③ 3단계 : 인종적 민감성과 문화적 인식

1980년대 이후 출간된 인종 관련 서적들이 인종적 민감성, 문화적 인식 등과 같은 개념과 관련 요소들을 본격적으로 논의하면서 이 분야에 대한 발전을 가져오게 되었다.

④ 4단계 : 문화적 다양성

1990년대 미국에서는 사회복지 교육과정에 인종적 소수자에 대한 개념이 열등하고 무기력한 것에서 각기 다른 인구 집단의 독특한 언어, 문화, 행동적 특성이라는 인식을 가지게 되면서 '문화적 다양성' 또는 '문화적 다원주의' 등의 개념으로 대체되었다.

⑤ 5단계 : 문화적 역량

앞의 네 단계의 모든 요소를 통합하는 '문화적 역량'이라는 개념이 다문화복지 실천현장에 도입되었다.

3) 다문화복지실천에 대한 관점

다문화복지실천을 위해서는 문화적 다양성을 인정하고 문화적 역량을 키워나갈 필요가 있다. 이를 위해서 다문화복지를 실천하는 사회복지사들은 자신의 태도와 관점을 정립하고 민감성을 가지고 접근할 필요가 있다.

(1) 인종적 다양성

대다수의 한국인은 단일민족이라는 것에 대하여 자랑하는 교육을 받고 자랐다. 얼마 전까지지도 '살색'을 특정 인종을 표현하는 색상으로 통용하던 것처럼 인종에 대한 단일적 사고에 얼마나 익숙해져 있는지를 알 수 있다. 이렇듯 한국 사회에 인종적 다양성과 관련된 새로운 개념이나 가치를 받아들이는 것은 쉽지 않을 것으로 생각된다(최명민, 2017). 사회복지사가 가진 인종에 대한 편견이 클라이언트에 대한 불평등으로 전환되어서는 안된다(Proctor & Davis,

1996). 사회복지사는 다양성에 대한 접근에서 인종에 관계없이 클라이언트의 인권과 독특성을 존중하며 그들이 생활하는 공간에서 사회와 조화롭게 공존할 수 있도록 돕는 태도가 필요하다.

(2) 언어적 다양성

언어는 서로를 이해하고 의미를 나누며, 지역사회와 문화를 구성하는 중용한 요소 중의 하나이며, 언어를 통해 세대 간의 지혜와 문화가 전수된다(최명민, 2017). 따라서 언어로 소통이 가능할 때는 관계를 이어주는 중요한 구성요소가 될 수 있으나, 언어로 소통이 이루어지지 않을 경우에는 갈등을 조장하는 요소로 작용할 수 있다. 즉, 언어를 통해 관계가 증진되고 응집력이 증가할 수 있지만, 반대로 차별과 배제를 불러올 수도 있다(Piedra, 2006).

한국어라는 단일 언어를 사용하는 단일민족사회에서 다른 언어를 사용한다는 것은 차별과 배제를 경험하게 될 가능성이 높다. 따라서 사회복지사는 자신의 요구를 충분히 표현하지 못하고 옹호할 수 없는 언어적 소수자의 입장을 이해하고 민감하게 의사소통할 필요가 있다. 그리고 사회복지사 자신의 의도나 메시지가 클라이언트에게 잘못 전달될 수 있는 가능성을 인지할 필요가 있다.

(3) 종교적 다양성

종교는 신념체계를 구성하는 중요한 요소이다. 따라서 많은 이주민들이 그 사회의 사회·경제적으로 정착하기 위해 노력하는데 비해 종교나 종교의식에 대해서는 포기하지 않는 경우가 대부분이다. 그만큼 종교는 하나의 전통과 신념으로서 삶의 의미를 형성하고 또 영향을 미치는 요소이다(최명민, 2017). 따라서 사회복지사는 자산의 종교적 관점과 포용성을 점검하고, 나와 다른 종교를 가지고 있는 클라이언트의 종교적 입장을 존중하는 자세를 가지도록 노력해야 한다.

정리하기

1. 다문화복지실천의 개념
   사람들 사이에 존재하는 다양성과 차이점을 존중하고 원조관계에서 작용하는 문화적 요소를 인식하는 사회복지실천
2. 다문화복지실천의 전개
   권력(power) – 인종적 소수자(ethnic minority) – 인종적 민감성과 문화적 인식 – 문화적 다양성 – 문화적 역량
3. 다문화복지실천에 대한 관점
   인종적 다양성, 언어적 다양성, 종교적 다양성

2. 다문화복지실천의 특징

1) 다문화복지실천의 패러다임

(1) 가치

문화를 절대적인 기준으로 판단하는 것은 매우 위험하다. 특히 우리나라는 단일민족이라는 자부심과 순혈주의를 강조하며, 우리 문화에 대한 절대적 가치를 부여하는 경우가 많다. 예를 들어, 많은 한국인들은 외국에 거주하는 한국인들이 한국어를 사용하고 한국인으로서의 정체성을 유지하기를 기대한다. 그러나 한국에 거주하는 외국인이나 결혼이주여성에 대해서는 한국사회에 동화되기를 기대한다. 북한이탈주민, 결혼이주여성, 외국인 근로자 등 이미 다문화사회가 된 현 시점에서는 적합한 가치나 이념이 아니다.

이런 맥락에서 사회적 소수자에게도 다수의 문화를 받아들이고 그에 적응할 것인지, 말 것인지를 결정할 수 있는 권리가 있다는 것을 인지해야 할 것이다. 다시 말해서 나의 정체성이 중요하듯, 다른 사람의 정체성 또한 중요한 것이며, 자신의 정체성이 존중받아야 하듯, 타인의 정체성도 존중받아야 한다.

그리고 개인의 가치뿐만 아니라 그들이 속한 사회 전체가 다양한 인종, 민족, 문화가 가지는 강점과 자원을 인정하고 존중할 필요가 있다.

시대에 따른 가치의 변화에도 불구하고 사회복지실천의 기본 가치라고 할 수 있는 인간 존엄성, 개별화의 원리, 평등, 자기결정권의 존중 등은 유지하면서 다양한 인종, 민족, 문화를 아우를 수 있는 다문화적 가치를 존중하는 사회복지실천이 요구된다.

(2) 이론

다문화복지실천에 있어서 체계적인 이론이 뒷받침되지 못한 상태에서 효과적인 서비스를 제공하는 것은 매우 어렵다. 따라서 다문화 관련 실천이론을 충분히 숙지하고 클라이언트에게 필요한 서비스를 제공하는 것이 중요하다. 물론 다문화 클라이언트에게 서비스를 제공함에 있어서 어떤 특정 이론을 고집할 필요는 없다. 오히려 다양한 이론을 절충적으로 활용함으로써 클라이언트의 복합적 욕구를 더 적절하게 충족시켜 줄 수 있다. 그런 점에서 사회복지실천에서 다루는 모든 이론과 다양한 모델들이 유용하게 작용할 수 있다.

(3) 기술

다문화복지실천의 과정에서 기술적으로 문화적 민감성을 유지하는 것이 중요하다. 문화적 민감성을 가지고 있는 사회복지사는 자신과 다른 인종, 민족, 문화적 배경을 가진 클라이언트와 일하는 과정에서 편안함을 느낀다. 이러한 편안함은 자신의 감정, 인식, 태도에 미친 영향을 파악하고, 이를 문제해결에 활용할 수 있을 때 가능하다(Pinderhughes, 1989 : 133). 이는 클라이언트의 문제를 이해하는 데 사회적 맥락을 고려하는 경향이 강해지며, 특히 차별, 박탈, 인종주의와 같은 요소를 구조적 관점에서 고찰하고 효과적으로 접근하는 방법을 모색하게 된다.

클라이언트에게 효과적인 실천 전략을 수립하기 위해서는 사회적 차별 세력, 클라이언트의 차별 경험, 사회복지사의 편견과 태도에 대한 자기성찰 간의 상호작용을 이해하는 것이 요구된다(Alaggia & Marziali, 2003 : 155). 이는 다문화복지실천에서 문제의 원인을 개인에게서 찾고 이를 치료해 가는 기술보다는 전체적인 관점에서의 실천 전략을 수립할 수 있게 해 준다. 따라서 사회복지사는 인종, 민족, 문화와 관련된 자기인식기술을 가져야 한다.

2) 다문화복지실천의 특성

우리나라는 문화적 다양성이 증가하면서 사회복지실천현장에서 민족, 인종, 문화 등의 관점에서 자신들과 다른 클라이언트를 필연적으로 만나게 되었다. 우리나라는 단일 문화적 전통에 기초하고 있기 때문에 사회복지실천현장에서도 문화적으로 다른 클라이언트의 세계관과 충돌할 수 있다. 이럴 경우, 다문화복지실천의 기본 전제는 인종, 민족, 성별, 종교 등 문화적 배경에 대한 사회복지사의 선입견과 고정관념이 주류사회가 소수집단에게 미치는 영향이란 점을 인식하고 행동할 필요가 있다. 즉, 문화적 역량을 갖춘 사회복지사는 자신의 고정관념, 편견, 다른 문화에 대한 선입견을 이해하고 극복하기 위해 노력할 것이다. 그렇지 못한 사회복지사는 문화적 차이와 가치를 인정하지 않고 단일 문화적 기준을 무의식적으로 강요하면서 문화적 억압에 빠질 가능성이 높다.

3) 다문화복지실천의 방법

다문화복지실천은 클라이언트의 개인 경험과 문화적 가치와 일관된 개입양식을 사용하고 치료 목표를 정의하며, 클라이언트의 정체성을 개인, 집단, 보편적 차원에서 인식하며, 문화적 역량을 고려한 특수한 전략의 사용과 원조과정에서의 다양한 역할을 수행하는 것이다. 다문화복지실천을 위한 방법으로 다음과 같은 역할을 수행해야 한다(이성순 외, 2007).

① 다문화복지실천현장의 사회복지사는 클라이언트를 위해 교육자, 옹호자, 사례관리자, 조직가, 자문가, 지역사회 연결자 등과 같은 다양한 역할을 수행해야 한다.

② 다문화복지실천현장의 사회복지사는 문화적으로 다양한 클라이언트를 위해 그들의 인종, 민족, 성별 등에 일치하는 개입양식을 사용하고 목표를 설정하여야 한다.

③ 사회의 주류집단의 생활양식과 정체성이 개인, 집단, 보편적 차원으로 구성되어 있음을 인정해야 한다.

④ 다문화복지실천은 인종적·민족적 소수집단과 인구·사회학적 집단이 다르기 때문에 문화적으로 특수한 전략을 사용하여 원조하는 것이 바람직하다.

⑤ 다문화복지실천은 가족, 의미 있는 타인, 지역사회, 문화에 내재된 인식인 집단주의적 실재와 개인주의적 접근에 균형을 맞춤으로써 원조관계의 관점을 넓혀준다. 따라서 클라이언트를 단순한 개인이 아니라 사회적·문화적 맥락의 산물로 지각해야 한다.

⑥ 다문화복지실천은 클라이언트 개인에게 초점을 맞추기보다는 클라이언트를 둘러싼 체계를 변경하는 것이 효과적이다. 클라이언트가 새로운 기능과 적절한 행동양식을 배우는 것도 중요하지만, 소수집단에 대한 편견, 인종차별, 문화적 우월성 등을 가진 주변 체계가 존재하는 한 다문화복지 실천은 효과를 보기 어렵다.

정리하기

1. 다문화복지실천의 패러다임
   가치, 이론, 기술
2. 다문화복지실천의 특성
   문화적 역량을 갖춘 사회복지사는 자신의 고정관념, 편견, 다른 문화에 대한 선입견을 이해하고 극복하기 위해 노력
3. 다문화복지실천의 방법
   문화적 역량을 고려한 특수한 전략의 사용과 원조과정에서의 다양한 역할을 수행

3. 다문화복지의 발전방향

1) 다문화가족에 대한 복지실천

(1) 한국사회 소속감 강화

한국에 거주하는 다문화가족과 이민자들은 혈통주의가 강한 한국사회에 대한 소속감을 가지기 어려울 수 있다. 하지만 혈통과 문화 배경이 다른 이민자들이 영주권 또는 국적 취득의 방식으로 한국 국민이 되는 경우가 증가하기 때문에 종족적 차원이 아닌 시민적 차원에서 소속감과 애착심을 가질 수 있는 방안을 적극적으로 모색해야 한다.

(2) 차별과 차이 이해교육 및 인권교육 제공

소수자에 대한 편견과 차별의 주된 책임은 다수자에게 있지만 소수자가 이민자와 같이 거주국 사회문화와 제도에 대한 정보와 지식이 부족한 경우에는 차별과 차이를 구분하지 못해서 정당한 차이를 부당한 차별로 인식하는 경우가 발생한다. 따라서 다문화가족/ 이민자를 대상으로 차별과 차이 이해교육을 실행하는 것이 필요하다.

(3) 편견과 차별 금지

인식 개선을 통한 차별 철폐는 한계가 있기 때문에 법과 제도적으로 차별을 금지하고 위반 시 처벌하는 강제력을 동원할 필요가 있다. 이를 위해 인종, 종족, 종교, 문화의 차이로 차별하는 것을 금지하는 포괄적 차별금지법을 제정하는 것이 필요하다. 실제로 다문화주의를 실천하는 선진국들은 우선적으로 차별금지법을 제정해서 다문화 소수자의 인권을 보호하였다.

(4) 한국어와 한국문화 이해 교육

다문화가족과 이민자들은 한국어 말하기, 외래어 및 한자 이해, 한국 역사와 문화 이해에 있어서 어려움을 겪고 있다. 한국어 능력과 한국의 사회문화에 대한 이해 부족은 취업 등 경제활동에 제약이 되고 한국인과 친밀한 관계를 맺는 데 걸림돌이 된다. 따라서 일차적으로 원활한 사회적응을 위해서, 그리고 궁극적으로는 사회통합을 위해서 한국어와 한국 사회문화 이해 교육을 강화할 필요가 있다.

2) 북한이탈주민에 대한 복지실천

(1) 시민의식 함양 및 사회이해 교육 강화

민주사회의 시민은 책임과 의무를 동시에 가지게 되며, 사회적 존재로서 역할을 담당하게 된다. 따라서 시민은 국가의 공적 이익과 개인의 사적 이익에 대한 균형적 감각 및 조화에 대한 인식을 가져야 한다. 북한이탈주민에 대한 하나원 교육과 사회정착 이후 실시되는 하나센터 초기정착교육 시스템을 통해서 국가와 개인의 역할과 책임, 의무에 대한 균형적 감각을 강화하고 조화를 추구할 수 있도록 정책을 추진할 필요가 있다.

(2) 갈등 예방 및 해결을 위한 제도 구축

사회활동 과정에서 불가피하게 갈등이 발생할 경우 이를 해결하는 중요한 기능은 정부기관 및 공공기관이 주로 담당하게 된다. 북한이탈주민의 경우 문제 발생 시 통일부, 보건복지부와 여성가족부, 경찰(신변보호담당관), 지방자치단체(거주지보호담당관), 그리고 남북하나재단, 지역 하나센터, 복지관 등의 도움을 통해서 해결하게 된다.

북한이탈주민에게 문제와 갈등 발생 시 정부와 공공기관의 공식절차를 통한 문제(갈등)해결보다는 사적방법이나 비공식적, 비합법적 방법을 동원할 경우 갈등이 증폭될 가능성이 높기 때문에 정부기관과 공적절차를 통한 문제해결 능력을 제고시키고, 관련기관 활용방법과 절차에 대한 교육을 강화할 필요가 있다.

(3) 정체성과 소속감 강화를 위한 제도 개선

북한이탈주민이 대한민국 국민으로서 정체성과 자부심을 가질 수 있도록 국적 인정에 대한 절차와 시점 등을 명시적 규정으로 제정하고, 특정 시점에 국적 인정에 대한 의식을 거행한다면 국민으로서의 정체성과 소속감 제고에 긍정적 영향을 미칠 것이다.

3) 일반국민에 대한 복지실천

(1) 범정부 차원의 일반국민 인식 개선

현재 통일부와 남북하나재단, 보건복지부, 행정자치부 등의 지원 사업을 통해서 이들에 대한 인식개선을 중점적으로 추진하고 있으나, 북한이탈주민에 대한 인식 개선은 큰 성과를 보지 못하고 있다. 따라서 현재 추진 중인 사업의 확대와 교육부, 고용노동부 등을 통한 전 국민대상 인식개선 사업을 적극적으로 추진할 필요가 있다. 한국이 선진국으로 도약하기 위해서는 일반국민의 도덕성과 인권의식이 지금보다 한 단계 상승해야 한다. 무엇보다 사회적 약자에 대한 배려와 포용이 사회안전망을 확대하고 인간적인 사회를 만드는 데 필수적이다. 이와 관련하여 범정부 차원의 강력한 인권의식과 다문화 수용성 증진 캠페인을 전개할 필요가 있다.

(2) 매스미디어를 통한 일반국민 인식 개선

2014년 북한이탈주민에 대한 국민인식과 차별실태조사의 결과에 따르면 일반국민의 90%이상이 매스미디어를 통한 간접접촉을 통해 북한이탈주민에 대한 인식을 형성하는 것으로 밝혀졌다. 매체별로는 텔레비전을 통해 가장 많이 북한이탈주민 관련내용을 접하는 것으로 나타났다. 따라서 매스미디어를 통해서 북한이탈주민, 다문화가족, 이민자와 같은 소수자에 대한 국민인식을 개선하는 방안이 가장 효과적이다. 이를 위해 북한이탈주민, 다문화가족, 이민자의 긍정적이고 생산적인 모습, 그리고 일반국민과 동일한 감정과 행위양식을 가지고 있다는 인식을 가지게 해 주는 교양프로그램, 영화, 드라마, 광고 등 다양한 문화 콘텐츠 제작을 활성화할 필요가 있다.

(3) 차별 및 배제금지 방안 개설

북한이탈주민은 실제 상황에 관계없이 스스로는 일반국민들이 자신들에게 편견을 가지고 대하고 있다는 느낌을 가지고 있다. 다문화가족과 이민자들 역시 피부색과 언어능력 부족 등을 이유로 시설 이용이나 고용 차별 등의 경험이 있다. 따라서 소수자와 사회적 약자에 대한 차별과 배제로부터 이들을 보호하기 위한 포괄적 차별금지법을 제정할 필요가 있다.

(4) 갈등 예방 및 해결 프로그램 운영

① 차별금지 및 소통능력 강화 프로그램

북한이탈주민과 다문화가족 및 이민자들의 차별과 소외감, 소속감 저하를 초래한 대부분의 과정은 교육, 지원, 취업 및 일상생활 과정에서 일반국민과 접촉하는 상황에서 발생한 것이다. 따라서 북한이탈주민과 다문화가족, 이민자 대상 초기 적응교육과 행정지원, 사업진행 담당자 대상 차별금지 및 소통능력 강화 프로그램을 우선적으로 추진할 필요가 있다.

② 이주민 가족 구성원에 대한 양성평등 교육

다문화가족을 비롯한 이주민 가족 구성원에 대한 양성평등 교육 이수를 우선적으로 추진할 필요가 있다. 특히 이주민 가족 구성원 중 일반국민 출신을 우선적으로 참여하도록 독려하고, 교육 프로그램 참여 시 인센티브를 제공할 필요가 있다.

(5) 계층갈등 해소와 다문화 존중 사업 개발

다문화가족, 이주민과 북한이탈주민에 대한 정책수립 시 한국사회에 대한 일방적 동화와 수용을 강조하기보다는 문화적 다양성을 존중하는 방향으로 추진될 필요가 있다. 외국인 이주와 이주 노동자 유입은 전 세계적인 현상이며, 다문화에 대한 수용의지와 수준은 국가의 국격과 발전에 영향을 미치는 중요한 사안이다. 따라서 다문화가족과 이민자에 대한 존중과 상호이해를 확대하기 위해서 다문화 페스티벌을 개발하여 실행하거나, 교육현장에서 정례적으로 다문화계기 수업 등을 개발할 필요가 있다.

정리하기

1. 북한이탈주민에 대한 복지실천
   - 시민의식 함양 및 사회이해 교육 강화
   - 갈등 예방 및 해결을 위한 제도 구축
   - 정체성과 소속감 강화를 위한 제도 개선
2. 다문화가족에 대한 복지실천
   - 한국사회 소속감 강화
   - 차별과 차이 이해교육 및 인권교육 제공
   - 편견과 차별 금지
   - 한국어와 한국문화 이해 교육

3. 일반국민에 대한 복지실천
 - 범정부 차원의 일반국민 인식 개선
 - 매스미디어를 통한 일반국민 인식 개선
 - 차별 및 배제금지 방안 개설
 - 갈등 예방 및 해결 프로그램 운영
 - 계층갈등 해소와 다문화 존중 사업 개발

참고문헌

고용노동부. http://www.moel.go.kr/policy/policyinfo/foreigner/list6.do
공익광고협의회. '모두 살색입니다'.
김동진 외(2018). 다문화복지론. 공동체.
김범수 외(2007). 다문화사회복지론. 양서원.
김양미(2020). 다문화사회와 문화다양성. 지식공동체.
김용신(2012). 다문화 교육론서설. 아담 Books.
김은영(2012). 문화적 역량 증진 프로그램 개발. 이화여자대학교 대학원 박사학위논문, 132.
김정준(2019). 현대사회와 문화. 한올, pp. 43-55.
남북하나재단(2020). 2019 북한이탈주민 정착 실태조사.
네이버 사전.
네이버 지식백과.
뉴스엔미디어(2018. 11. 1.). '어서와' 호주 가족, 韓 야구장 문화에 컬쳐쇼크.
다문화교육방법연구회(2013). 교실 속 다문화 교육. 학이시습, p. 20.
다음 백과사전
다음 어학사전.
대통령소속 국민대통합위원회(2017). 국민통합을 위한 탈북민, 다문화가족, 이민자 의식 조사. 사단법인 북한인권정보센터, pp. 144-159.
대한민국역사박물관 블로그(https://muchkorea.tistory.com/1006), '파독 광부, 그리고 간호사들의 마을, 남해 독일마을'(2017. 3. 9.).
박승우(2019). 다문화 교육과 정책의 이해. 영남대학교출판부.
박찬욱 감독(2004), '믿거나 말거나, 찬드라의 경우' . 27분.
법무부(2018). 제3차 외국인정책 기본계획.
법무부(2020). 법무부홈페이지, 출입국통계, 연도별 취업자격 외국인 현황.
법제처 국가법령정보센터.
보건복지부(2020). 2020년 사회복지사업법 시행규칙 개정(안) 참고.
북한이탈주민지원재단 홈페이지. https://www.koreahana.or.kr
북한이탈주민지원재단(2020). 북한이탈주민과 함께한 10년, 16-29.

빠라짓 뽀무 외(2020). 여기는 기계의 도시란다. 삶창, p. 77.
서울신문(2020. 12. 29). "비닐하우스는 집이 아니다… 대다수 이주노동자 그곳에 있다".
서울특별시교육청교육연구정보원(2018). 2018년 학생상담자원봉사자 합동보수 교육 자료집, 3.
석인선(2019). 한국사회의 다문화 현상 이해. 서당.
세계일보(2017. 11. 1). '토박이 학생들 떠난 동네, 게토화 우려...'갈라지는 교실".
세이브더칠드런 해외사업 소개(https://www.sc.or.kr/program/international_program.do?PROGRAMCHOICE=edu).
에너지경제신문(2020. 10. 22.). '코로나 이후 선진국 이민자 작년 절반으로 '뚝".
여성가족부(2019). 2018년 전국다문화가족 실태조사 연구, pp. 29-302.
_________(2020). 2020년 가족사업 안내(Ⅰ).
연합신문(2020. 12. 23.). "이주단체, 이주노동자 산재 예방책 마련 요구".
________(2020. 7. 28.). "이주노동자 임금체불 1천억원 육박…사업주 강력 처벌해야".
우수명 외(2018). 다문화사회복지개론. 양서원.
이성순·이종복·김재열·김민경·김현희·정명희·정옥희·안채리(2017). 다문화사회복지론. 양서원, pp. 84-87.
이순배·공명숙·김정훈·조윤희·남윤정(2018). 한국사회의 다문화현상 이해. 공동체.
이종복 외(2012). 다문화사회의 이해와 복지. 양서원.
이형하 외(2015). 다문화사회와 다문화교육의 이해. 공동체, pp. 43-46.
장은동(2012). Lum의 '사회복지 문화적 역량 자기평가'척도 한국판 타당화 및 하위 요인의 구조적 관계 검증. 호남대학교 대학원 박사학위논문.
정재각(2010). 이주정책론. 인간사랑.
지식채널E(2018). 차이가 차별이 되지 않으려면-수잔 샤키야 방송인 (https://www.youtube.com/watch?v=CZqy5DMxCHk) 15분 27초.
천정웅 외(2015). 이민다문화가족복지론. 양서원.
최명민·이기영·김정진·최현미(2009). 문화적 다양성과 사회복지. 학지사.
통계청(2020). 2019년 다문화 인구동태 통계.
______(2020). 북한이탈주민 입국현황 등
통일부(2020) 2020북한이탈주민 정착지원 실무편람.
한겨레신문(2020. 11. 30.). "비정규 이주노동자 60%, 근로계약서도 월급명세서도 없다."
한국외국인노동자지원센터. http://k.migrantok.org
한국일보(2019. 12. 12). 대역 써서 최대한 불쌍하게... 자선단체 '빈곤 마케팅' (https://news.v.daum.net/v/20191212044402451).

현대차 정몽구재단(2017). [다문화 인식개선 캠페인] 편견에서 시작된 친절은 편견이 될 수 있습니다. 2분 6초.

Alaggia, R. & Marziali, E.(2003). Social work with Canadian of Italian background : Applying cultural concepts to bicultural and intergenerational issues in clinical practice. In A. Al-Krenawi, & J. R. Graham(Eds.), *Multicultural Social Work in Canada*(pp. 150-173). Ontario, Canada : Oxford University Press.

Brach & Fraser(2000). Can Cultural Competency Reduce Racial And Ethnic Health Disparities?. *A Review And Conceptual Model. Medical Care Research and Review,* Vol. 57, Supplement 1(November 2000).

EBS 다큐프라임(2009). 인간의 두 얼굴 II. 5분 8초.

E-나라지표. www.index.go.kr. 2020년 1월 인용. 체류외국인 현황/결혼이민자 현황/출입국자 현황. 1페이지.

KBS 뉴스(2018. 12. 11). '다문화 교실 가보셨습니까' 학생 없이 폐교, 다문화 학생만 6년속 증가. 2018년 12월 인용. http://news.kbs.co.kr.

KBS2(2010). 미녀들의 수다2/ MBC every1(2020). 어서와 한국은 처음이지.

kobaco & 공익광고협의회(2009). 사회공동체-다문화 사회 편, 31초.

[LG] 어느 나라 사람일까요?-다문화 가정에 대한 한국인의 편견.
(https://www.youtube.com/watch?v=zASsZc2k4SM) 8분 17초.

Lum, D.(2003). *Culturally competent practice : A framework for understanding diverse groups and justice issues.* Pacific Grove, CA : Brooks-Cole Publishers.

______(2004). *Social Work Practice and people of Color : A Process-stage Approach.* Belmont, CA : Brooks/Cole.

______(2005). *Culturally competent practice : A framework for growth and action.* Belmont, CA : Wads worth.

Piedra, L. M.(2006). Revisiting the Language question. In W. D. Engstrom, & M. L. Piedra(Eds.), *Our Diverse Society : Race and Ethnicity-Implication's for 21st Century American Society*(pp. 67-87). Washington, DC : NASW.

Pinderhughes, E.(1989). *Understanding Race, Ethnicity, and Power : The Key to Efficacy in Clinical Practice*, 29, pp. 255-272.

Proctor E. K., & Davis, L. E.(1996). The challenge of racial difference : Skills for clinical practice. In P. L. Ewalt, E. M. Freeman, S. Kirk, & D. L. Poole(Eds.), *Multicultural Issues in Social Work*(pp. 97–114). Washington, DC : NASW.

UNESCO(2001). 유네스코 제31회 총회. "유네스코 세계문화다양성 선언"

저/자/약/력

■ 이정은
이화여자대학교 대학원 사회복지학과 석사
차의과학대학교 분당차병원 사회사업팀 근무
영진사이버대학교 사회복지계열 교수

■ 임우현
대구대학교 대학원 사회복지학과 박사
사회복지법인 함께하는 마음재단 근무
영진사이버대학교 사회복지계열 교수

■ 정연모
대구대학교 대학원 도시학과 박사
사회복지공동모금회 근무
영진사이버대학교 사회복지계열 교수

■ 최형임
대구대학교 대학원 사회복지학과 박사
영남대학교 영천병원 근무
영진사이버대학교 사회복지계열 교수

사회복지와 문화다양성

|공저자| 이정은 · 임우현 · 정연모 · 최형임

|1판 1쇄| 발행 2023년 10월 25일
|1판 2쇄| 발행 2024년 2월 26일
|1판 3쇄| 발행 2024년 9월 10일

|발행인| 김 동 훈
|발행처| 공 동 체

|주소| 경기도 고양시 일산동구 호수로 358-39, 동문타워 I 905호(백석동)
|전화| 031) 814-3000(대표)
|팩스| 031) 814-3100
|홈페이지| http://www.compub.co.kr
|전자우편| compub@naver.com
|출판등록| 2005년 10월 6일
|등록번호| 제396-2005-36호

|ISBN| 979-11-6725-531-0
정가 16,000원

MEMO

MEMO